天津市教委科研计划项目成果
课题批准编号：2019SK093
课题名称：我国体育教师教育政策的时代特征与价值转向研究——基于政策文本视角

基于文本分析的
我国体育教师教育政策研究

许 婕 著

天津社会科学院出版社

图书在版编目(CIP)数据

基于文本分析的我国体育教师教育政策研究 / 许婕著. -- 天津 : 天津社会科学院出版社, 2022.3
ISBN 978-7-5563-0803-3

Ⅰ. ①基… Ⅱ. ①许… Ⅲ. ①体育教师-师资培养-教育政策-研究-中国 Ⅳ. ①G807

中国版本图书馆 CIP 数据核字(2022)第 030324 号

基于文本分析的我国体育教师教育政策研究
JIYU WENBEN FENXI DE WOGUO TIYU JIAOSHI JIAOYU ZHENGCE YANJIU

出版发行：天津社会科学院出版社
地　　址：天津市南开区迎水道 7 号
邮　　编：300191
电话/传真：(022)23360165(总编室)
　　　　　(022)23075303(发行科)
网　　址：www.tass-tj.org.cn
印　　刷：天津午阳印刷股份有限公司

开　　本：787×1092 毫米 1/16
印　　张：10
字　　数：213 千字
版　　次：2022 年 3 月第 1 版 2022 年 3 月第 1 次印刷
定　　价：68.00 元

前　言

百年大计,教育为本。改革开放以来,中国发生了翻天覆地的变化,中国特色社会主义进入了新时代,教育事业更是在经济发展和综合国力增强的背景下蓬勃发展。从属于教育事业的体育事业亦成为肩负强国建设的重要环节之一。教师教育是教育事业的工作母机,是提升教育质量的动力源泉,体育教师教育的时代意义不容忽视。

改革开放以来,国家颁发了众多政策文件来促进体育教师教育的发展,如《关于深化教育改革全面推进素质教育的决定》《关于大力推进体育教师教育课程改革的意见》《教育部关于实施卓越教师培养计划的意见》《关于全面加强和改进新时代学校体育工作的意见》《中国教育现代化2035》《关于全面深化新时代教师队伍建设改革的实施意见》《关于实施卓越教师培养计划》《教师教育振兴行动计划(2018—2022 年)》等政策,这些政策的实施在国家层面上推动了我国体育教师教育队伍的发展, 国家正努力采取切实措施推动体育教师教育改革发展, 全面提升体育教师的素质能力,努力建设一支高素质专业化创新型体育教师队伍。因此,有必要回顾我国体育教师教育政策的历史进程,探究体育教师教育政策的内容特征,借鉴国外体育教师教育政策的主要经验,展望未来体育教师教育的价值走向。

本研究主要运用文献资料法、政策文本分析法、数理统计法和个案研究法等方法,依据体育教师教育发展的历程,对我国的体育教师教育政策进行定量与定性分析,找出政策文本特征、划分历史演变历程阶段、分析典型个案政策、解读国外政策框架,旨在完善我国体育教师教育政策,促进我国体育教师质量的提升,进而推进体育教育现代化的进程。

本书作为课题研究的部分研究成果, 得到天津市教委科研计划项目(人文社科)2019SK093 和天津市“131”创新型人才工程第三层次人选资助。

体育教师教育政策研究是一个长期、系统的过程。本研究在研究过程中参考、借鉴了国内外体育领域的诸多研究成果,因此在引用过程中难免有所疏忽,敬请原谅。鉴于作者水平有限,书中难免会出现许多不足之处,书中遗漏之处,恳请各位读者和专家批评指正。

目　录

第一章
我国体育教师教育政策分析的理论基础

政策分析是政策科学的研究方法，它是对现有或计划实施的政策进行系统调查研究、观察，作出定量和定性分析的过程。在20世纪50年代，美国政治学家林德布洛姆最早提出政策分析这一概念，但从20世纪80年代才开始兴起。随着社会环境的不断变化，政策分析的理论与方法也随之日益系统化和科学化，并因环境的不同产生了许多新的政策分析理论与方法。除了传统的理性模式和首创政策分析的林德布洛姆(Lindblom)渐进决策理论外，美国著名政策分析专家爱德华·S.奎德(Edward.S.Quade)的政策分析理论在兴起的众多理论与方法中也极具代表性。此外，国内使用较多的政策分析理论与方法中，还有如政策网络分析理论和多源流理论等方法。

第一节　理性政策分析

一、理性政策分析的基本概述

理性政策分析即理性决策模式，是过去西方人大为推崇的主流决策模式，其原型为全面理性模式，也是最传统的政策分析模式。这种模式借用古典经济学中利益最大化原则，选择合理的计算，用理性假设作为基础，是一个拥有浓厚理想化色彩的政策制订模型。当决策者面临一个既定的问题时，会按它们的重要程度进行排列，对可供选择的方案进行调查研究，并对多种方案的效益和利弊进行对比分析，从中选出一种效益最大的公共政策方案的过程[3]。这一过程的结果是一个理性的结果，这一决定将最有效地达到原定目标。

二、理性政策分析的适用性分析

在思维逻辑上，理性政策分析的这种做法是合理的，但是在现实生活中，全面理性政策分析中要求拥有充分的知识、资料与时间、绝对理性的组织和决策制度、相同的价值观等,可这都是难以实现的。由于复杂的问题和政治因素影响,时间、成本和价值观差异的限制等问题,使全面理性分析如履薄冰,还容易导致时机的贻误,因而遭到许多学者的强烈批评,并对此提出了新的模型和理论。尽管如此,在多年的不同理论的论战中,理论政策分析并没有废除,且理性政策分析至今依旧具有一定适应性。我国政府同西方资本主义国家的社会形态不同,是一个经验决策主导国家,尽管这种理论对我国并不现实,可理性决策模式对理性的倡导和效率的强调有重大意义,一个合理的理性分析框架对我国也是非常必要的。

三、理性政策分析的衍生理论

著名行政学家赫伯特·西蒙(Herbert.Simon)的有限理性决策理论便是在批评中最早诞生的理论之一。西蒙认为在决策时很难具有与决策状况有关的全部信息,并且他们处理信息的能力也是有限的,通常他们都是在有了关于决策状况的印象后就开始制订决策,因此决策很容易受所获信息和先后顺序影响,并且在复杂的决策状况中能力受到限制,且受自身个性特征和过去经历的影响。因此西蒙认为政治决策者的理性是不完整的,在决策中应以“满意”来代替“最佳”。但西蒙还是从理性的视角来讨论决策问题,所以依旧属于理性决策模式。

其实准确说,遭到批评的是完全理性模式,而不是理性模式,并且许多支持理性模式的通常也不是支持完全理性模式。理性模式还有许多变式,如泛理性决策模式和实用理性决策模式。泛理性决策模式指确定问题和目标,尽可能地找寻较多的方案并确定最终行动方案的决策框架;实用理性决策模式是尽可能地寻求最佳方案,也就是我们所说的理性模式。

第二节　林德布洛姆的渐进决策理论

一、渐进决策理论基本概述

在对理性政策分析模式的长期批评中所诞生的一系列模型和理论里,林德布洛姆的渐进决策理论名声远扬,在众多理论模型中脱颖而出。这种理论模式是指在社会稳定的情况下,决策者将现有政策作为基础进行决策,采用渐进方式对其进行修改,通过一系列细微的改变,逐渐实现决策目标。林德布洛姆的渐进决策理论的思想起源于 1953 年《政治、经济及福利——计划构成与政治经济系统的基本社会过程》一书。他认为决策者面对的不是一个确定的问题，决策分析也不是全能的，对一个复杂决策的分析是无终止、高成本的。另外，由于决策受决策者价值观的影响，因此在选择政策备选方案时势必会出现意见不同的情况。1958 年，林德布洛姆在《政策分析》一文中对全面理性模式做出了批评，认为价值与事实，将它们当作一个整体，将现有政策当作前提。不像理性分析那样，渐进决策理论更具可行性和科学性。1963 年在《决策的策略》一书中，林德布洛姆的渐进决策理论基本定型，并赋予他的政策分析模型一个新的名称——“断续渐进主义”。1979 年，林德布洛姆针对渐进决策理论的不足，在《尚未达成仍需调适》一文中对其进行了扩展和完善。

二、渐进决策理论的原则

1963 年，林德布洛姆对他的渐进决策理论进行第一次完善，提出按部就班、积小变大和稳中求变三个渐进决策理论所必须遵守的原则。

第一，按部就班原则。决策前后是不间断的，它是一个循序渐进的过程，这个过程是决策者根据自身经验对现有的决策按照需求进行修改。

第二，积小变大原则。虽然渐进决策的过程非常缓慢，但是变革就是通过积累一点一滴的变化来实现的。

第三，稳中求变原则。为了保证决策过程的不间断，政策是不能跌宕起伏的，只有通过一系列细微的变化来达到变大，从而实现政策目的，才能保障政策和社会的稳定。

就渐进决策理论所遵循的原则来看，它将决策过程的前后看作是不间断的，强调对决策方法的积累和社会对决策的影响，注重决策者的能力和事物之间的矛盾。但它也不是完美无缺的：一方面，渐进模式反映的是社会“精英组织”的利益；另一方面，渐进模式只关注短期目标，只求改变现有政策中不足的方面，对现有政策进行修修补补，往往忽视基本的社会变革。

三、渐进决策理论的适用性分析

渐进决策的优势首先在于它符合民主政治的需求，其次它在某种程序上还具有一定的价值，但对于我国而言，林德布洛姆的渐进决策理论同样是即具适应性与不适应性。稳定和发展是改革过程中各项政策必须具有的两个目标，在改革中如何保持社会稳定是决策者首要考虑的问题，我们既要勇于改革、分清各种变革的重要性，又要稳中求变、控制好改革的进度。在这方面，渐进决策提供的方法和理论是非常值得我们借鉴和参考的。可渐进决策模式太过于保守，总体上与我国转轨时期的大变革大相径庭的。相较于西方资本主义国家而言，中国社会的结构分化程度较低，通常是由政治系统中的权力精英通过研究分析与调查，确定他们认定的社会利益并导入到公共政策里，这种国家由上到下主导的模式与渐进模式所要求的互动形式是截然不同的[1]，因而在这方面，渐进模式是不适应我们的。

第三节　奎德的政策分析理论

一、政策分析的基本概述

20 世纪 80 年代，随着政策分析理论与方法的日益系统化，美国著名应用数学专家和系统分析与政策分析专家奎德在《公共政策决策分析》一书中详细地阐述了它的政策分析理论。在奎德看来，政策分析是在运筹学和系统分析的基础上发展起来的，一方面它是一种应用的分析形式，另一方面它是政策科学的研究方法论，其目的在于帮助决策者指定和改进政策。进行政策分析是非常必要的，这方面可从以下两点体现出来：一是如果是因为缺少科学的政策分析方法而产生决策失误，这种失误是可以避免的，因为政策分析的缺乏是一个重要的原因；二是当决策者的准备不够充分或他所涉及的问题有不确定性时，这种失误是难以避免的，但是运用政策分析可以大幅减少政策失误带来的损失。

二、政策分析的要素

奎德认为政策分析人员在进行政策分析研究时要考虑目标、备选方案、效果、标准、模型五个因素，这是一个优秀决策的必要条件。

第一，目标。目标是决策者通过决策试图完成或实现的东西，政策分析的本质不仅需要考虑怎么做，还需要考虑做什么。

第二，备选方案。备选方案也是可以用来实现目标的手段或方法，如果遗留了一些备选方案，就不能保证能找出最适宜的政策方案。

第三，效果。以实现某个目标为目的的方案，就一定会产生一系列的结果，也就是决策的效果，而决策的效果会有正负之分。

第四，标准。标准是一种规则或尺度，它能将备选方案合理的排序，并计算各备选方案的效果。

第五，模型。政策分析的核心任务是构建出一种程序，能预测或说明不同方案的结果，而这个任务将由模型来完成，并且政策分析的模型与自然科学的模型非常类似。

三、政策分析的过程

关于分析的过程，奎德认为先后顺序是由问题本身的内容来决定，但无论如何都会包括总体概述、广泛探索、多方比较、解释说明和检验测试五个阶段，并且这五个阶段相互渗透，缺一不可，根据实际情况交叉、重复、循环，直到得到最合适的方案。

第一，总体概述。即试图解释目标，解释相关问题的范围。总体概述是政策分析过程中的重要一环，也是整个分析工作的出发点，因为它能解释清楚问题逻辑的合理性和所具有的价值，并能指出解决问题的明确方向。

第二，广泛探索。在总体概述后就进入了调查研究的阶段，这个阶段被奎德称为“广泛探索”。这个阶段要对所有的备选方案进行研究，并构建模型探究其效果以供比较，为了能够确定不同情况使用何种方案，需要构建多种模型。

第三，多方比较。在建立不同的模型后，就需要对其进行比较，这时候就需要根据可能产生的效果和不同的标准来比较出不同方案的优劣。

第四，解释说明。奎德认为解释说明应该贯穿于整个政策分析的过程中，任何一个阶段都可以进行，但主要还是在多方比较后。模型并不是永远都准确无误，在一些情况下分析人员需要对其进行修正，所以必须根据现实对各模型所呈现的结果加以解释说明。

第五，检验测试。对结论进行检验与测试是政策分析的最后一个阶段，并且奎德认为只要不出现未曾考虑到的状况，都可以用经验对模型得出的结果进行检验。

四、政策分析的适用性分析

我国的政府决策是政治系统的产物，肯定与各种政治因素有着精密的相关性。奎德对政策分析的认识十分完备且意义深刻，所以奎德的政策分析理论中关于政治可行性的见解对我国有着深厚的借鉴意义。目前，奎德的一些观点在我国政府的决策实践中已经得到了运用，如房屋拆迁补偿政策、坝区移民政策等。但由于国情和社会形态的巨大差异，在涉及国民权益的一些政策中，我国政府秉承对人民负责的核心理念，所以在应对这些问题时要更加稳重小心，坚持以民为本的指导思想，妥善处理政策中涉及的利益相关者。

当然，奎德的政策分析理论也不是完美无缺的，由于他所处的社会环境和政治立场的不同，其理论中存在的一些极端思想和观点是不能被我们赞同与使用的。此外，虽然其理论中一些原理有着极大的指导作用，但专业理论基础不够牢固，所以我们在使用时要注意总结经验，协同创新，形成符合我国国情的政策分析理论，为我国政策科学化理论做出贡献。

第四节 政策网络分析理论

一、政策网络的发展历程

随着社会环境的迅速变化，复杂性和不确定性的上升使政策分析受到了新挑战。与此同时，政策网络的兴起逐渐成为政策分析的主要范式，随着政策网络这一全新的分析范式的兴起，许多西方政策学者开始对其重点关注并深入研究。网络理论家们将“社会”当作他们的研究起点，个人当作行动者，行动和选择都不认为是个体的选择，而是社会中介的行为类型。

英国学者乔丹(Jordan)认为，“政策网络”的思想源于20世纪五六十年代的美国，虽然当时的学者并没有使用政策网络一词来形容，但当时他们次级系统、次级政府的思想就可以看作成政策网络思想的源头。次级系统、次级政府理论是对当时主流的一些分析思路的批评，并且一些学者还怀疑这种模式是否真实存在，但即便如此，还是有不少学者应用次级政府的思想对美国的一些政策进行分析。

1978年，黑克罗在《议题网络和行政建制》一文中提出了“议题网络”的概念，这一概念后来也被安德鲁·麦克法伦(Andrew. McFarland)解释为一个对相关政策领域感兴趣的沟通网络，包括政府机构、议员、商人、说客、学者和记者等。

在最早提出“政策网络”概念的卡赞斯坦(Katzenstein)看来，政策网络是政策制定过程中形成的利益调和与治理、国家与社会之间系统的类似生物结构性关系的政治整合性结构，并不是指具体行动者之间的相互关系，更多是广义上的组织类别之间的关系[17]。虽然政策网络一词由卡赞斯坦首创，但他的政策网络与后来英国学者提出的却大相径庭。

理查德森和乔丹是英国最早提出“政策网络”和“政策社区”的学者，他们把美国的相关研究引入英国，并认为这两个概念可以互换。在他们看来，英国的政策制定是政府和压力集团所形成的次级系统的协商过程，并对政策社区进行深入研究，从而推动了政策网络理论的发展。罗兹(Rhodes)也在他们的基础上对政策网络、政策社区、议题网络和其他相似词语进行正式分类。

在罗茨分类后，许多学者开始研究政策网络的分类。波泽尔(Borzel)把英美研究作为基础，在这基础上形成的研究趋势称为“利益调和学派”，而另外欧洲大陆的研究称为“治理学派”。多年来政策网络主要有以下几种：

第一，范瓦登的七维度分类模型。由荷兰学者范瓦登（Waarden）在1992年提出，他将政策网络类型的化划分为：行动者数量和类型、网络功能、结构、制度化、行为准则、权利关系和行动战略。随后，他又修改了他的网络分类模型，将原有的七个维度提炼成三个维度，即社会行动者数量及类型、网络主要功能和权力平衡关系。

第二，乔丹和舒伯特的三维度分类模型。与范瓦登类似，英国学者乔丹和德国学者舒伯特（Schubert）提出了三维度分类模型，即成员人数、网络按政策领域或跨政策领域划分和网络稳定性。

第三，威克和莱特的政府与产业间关系模型。英国学者威克（Wilks）和莱特（Wright）基于罗兹模型，针对政府与产业之间的关系，将“政策全域”“政策社区”“政策网络”进行区分。

第四，改进后的罗兹模型。马什（Marsh）和罗茨在1992年对原罗兹模型进行了改进，把分类维度修改为成员资格、整合程度、资源情况和权力，将政策网络的分析缩小到政策社区和议题网络两种类型，并提出不同类型的标准。

经过一段时间的发展，政策网络理论的科学共同体逐渐成熟，并引起了他们世界观的改变，并继续推动着政策网络愈发成熟。从20世纪90年代开始，政策网络分化成网络管理学派和政策网络分析学派。网络管理流派将他们的模式分为博弈管理与网络构建、网络管理与网络制度和规则、网络控制机制、面临的问题四方面；政治网络分析学派主要对社会网络和政治网络分析。

二、政策网络分析理论的不足

通过上述可知，西方学者为推动政策网络分析理论进行了许多研究，但是政策网络分析理论依旧存在着许多不足之处。早期的政策网络从理论本身来讲就存在一些不足之处：那时在术语上还没形成统一；一些核心理念也比较僵硬，容易使人产生误解；一些概念还不能很好地解释关系之间的产生和发展；政策网络一词还没明确地使用。利益调和学派和治理学派对政策网络的观点还缺乏概念化的关系变量，政策网络的结构与结果之间的概念连接不详细，观点普遍聚焦在普遍性特点上。在政策网络理论开始分化后，他们的研究方向已经大不相同，但由于政策网络理论在之前就存在一些问题，部分理论问题经过数年的发展也没有得到很好地解决，并且他们没有提出一套待验证的假说。另外，政策网络理论还不够系统，解释力度不足，对现实社会中的民主合法性研究也不够。

三、政策网络分析理论的适用性分析

时代在变化,公共问题也随之而变,进而西方公共政策实践也发生了变化。多年来,在西方学者的不断努力下,政策网络分析理论得到不断发展和完善,如今,政策网络理论已经可以捕捉到这些变化,并且还能感受到决策者的需求。很早以前我国就开始了对政策的研究,虽然政策科学是西方社会的产物,许多逻辑起点都源于西方的社会制度,从这一点看,在我国使用政策网络理论时就要结合我国的特殊国情,取其精华去其糟粕。

但是政策网络理论能用于推动我国国家与社会形成良好的合作关系,有利于为我国构建一个良好的社会环境,还有助于转变我国政府的职能、转换我国政策学者的研究思维和水平。如何让政策网络理论在我国更好地使用,国内相关学者对其研究较少,张体委为提高政策网络理论的解释力和在我国的适用性,对政策网络理论发展路径进行了研究。此外,在体育领域当中,也有很多国内外的学者从政策网络理论的视角进行研究,其适用性也被充分证明。

第五节　多源流理论

一、多源流理论的基本概念

多源流理论是金登(Kingdon)以科恩(Cohen)、马奇(March)等人在 1972 年创建的“垃圾桶模型”为基础所提出的理论,它主要探讨政策议置的过程。多源流理论涉及的概念和内容也十分丰富,它有着多源流、政策之窗、耦合、政策企业家等几个核心概念。

第一,多源流。该概念主要用来解释政策是如何制订分析框架的。所谓多源流主要指的是问题源流、政策源流和政治源流,它们是相互独立的,在关键时刻它们便会聚集起来,将公共问题推上政策议程。

第二,政策之窗。三条源流聚集的关键时刻就称为政策之窗。政策之窗打开的时间很短,它是提案支持者们推广解决问题的方法和吸引他人重视支持者们所提出的特殊问题的重要时机。

第三,耦合。耦合原本是物理学概念,但在多源流理论中金登将三个源流在政策之窗时的聚集称为耦合。很多时候耦合都是不完整的,任何一条源流单独耦合都不能决定政策的过程,只有三条源流完全耦合时问题才会被提上议程。

第四, 政策企业家。负责承担三条源流聚集在一起的功能的人就称之为政策企业

家。通常政策企业家应具备某种听证权、良好的政治关系和高超的谈判技能以及坚韧不拔的意志。

二、多源流理论的内容

多源流理论主要回答了三个重要问题,即政策制订者的注意力是如何分配的?具体问题是如何形成的?对问题及其解释问题的方法是怎样和在哪里发现的?因此,金登多源流理论的内容可以针对其主要回答的问题分为议程的建立、阐明备选方案和公共政策的形成。

金登认为回答议程的建立这个问题主要集中于问题、政治与可见的参与者的解释,并指出可以通过政策过程中潜在的专家和政策源流来阐明备选方案。实际上公共政策的问题不只存在于制订过程,整个政策在制订中和实施后都会不间断的出现,随着问题的出现,这些政策是否有效便成为公共政策中的新问题,这种问题也是政策终结的逻辑起点,并会聚集成一个全新的分析单元,所以各种问题、想法、观点都是政策研究的重要内容。

三、多源流理论的适用性分析

多源流理论是政策制定过程的经典理论,也是社会公共政策制定过程的重要理论分析框架。虽然多源流理论是由美国学者所创造的,理论上来说应该更适合西方国家的政策分析,但经过扎哈里尔迪斯(Zahariadis)的修正,不仅没有削弱它的分析能力,还扩展了它的使用范围。

现在,多源流理论对公共政策的分析已经具有很强的适用性,已被广泛用于各类公共政策研究领域,我国的教育政策、体育政策、治理政策等多种公共政策均有使用。所以,经过修正和完善的多源流理论已经基本上适用于我国的政策分析中。但是,我们在使用多源流理论的时候依旧要注意结合我国的特殊环境,真正让该理论符合我国国情。

第六节　政策工具理论

一、政策工具的基本概念

政策工具研究是公共政策研究中非常重要的一个部分,早在20世纪50年代达尔(Dahl)和林德布洛姆就提出了政策工具的基本理论,随后这一概念受到了来自各国学者的广泛关注。其实在更早之前,行政管理学的开山鼻祖伍德罗·威尔逊(Woodrow·Wilson)就提到过关于政策工具的选择。关于政策工具的概念,因为不同学者的研究角度不同,所得出的解释也不同。有的认为政策工具是影响政策过程从而到预期目的的一切事物;有的认为政策工具是一个能被行动者使用并助其达成目的的一切事物;有的认为政策工具是一种明确的方法,按照组织任务集体行动,解决公共问题的方法;有的认为政策工具是政府的行为方式,能通过一些途径调节政府行为的机制……我国陈振明教授把政策工具的概念定义为解决某一社会问题的这一政策目标中采用的具体手段和方式,这一定义也是被我国许多学者所认同的定义。

二、政策工具理论的研究内容

当前,政策工具理论的研究内容主要分为政策工具的概念、分类和特征,政策工具的选择、组合和绩效评价,并将这些内容建立了比较系统和规范的理论体系。而基于政策工具的多样性和可替代性,国外学者的研究主要在政策工具的选择、组合及其实施效果的评价上。总之,政策工具理论的研究内容主要聚焦在政策工具的属性、选择、运用和绩效研究四大领域,而对政策工具的内涵、特征和主要类型的研究,实际上就是对政策工具本体的研究,属于工具属性研究。

三、政策工具的类型

在使用政策工具时首先需要考虑的就是选择什么样的政策工具,工具分类的依据是否符合政策目标。对政策工具进行研究的学者有很多,不同的学者基于不同的出发点和目的同样也会有得出不同的政策工具类型,主要有如下几种代表:

达尔和林德布洛姆。这是最早研究政策工具分类的学者,他们提出政策工具分为五个连续体,依次为工具所有权的形式、政府影响的方式、政府控制的方式、工具涉及成员的资格、工具的自主形式。

艾兹奥尼(Etzioni)和瓦当(Vedung)等学者。艾兹奥尼根据运用政府权力的方式划分政策工具,他将其划分为强制性权力、奖惩权力和规范权力。瓦当等学者基于艾兹奥尼的研究,将政策工具划分为管制、经济工具和信息。

胡德(Hood)和豪利特(Howlett)。英国学者胡德从政府活动的功能出发,将政策工具分为影响器和探测器两大类,每种类型均具体划分为信息、资产、权威和组织性工具,但其不同类型工具的内部工具存在差异。豪利特从资源的角度出发,将政策工具划分为实质性和程序性两大类。他认为,胡德的实质性政策工具划分最出色,并对他的理论进行归纳。

麦克唐纳尔(Mcdonnell)和艾莫尔(Elmore)。他们将政策工具划分为命令、诱因、建立能力和系统变迁四个类型。

施奈德(Schneider)和英格拉姆(Ingram)。他们更注重政府对行动者行为能力的影响,从这个角度出发,将政策工具划分为权威、诱因、能力培养、符号与劝告和学习五个类型。

多尔恩(Doern)和斐德(Phidd)。他们依据政策工具的合法强制的程度,将政策工具分为私人行为、劝诫、支出、规制和公共所有权五个由小到大的类型。

斯通(Stone)。他认为政策工具存在引导、规则、事实、权利和权力五种类型。

萨瓦斯(Savas)和奥斯特罗姆(Ostrom)等。他们从政府治理制度的安排出发,认为所采用的方式取决于物品和服务,并将政策工具划分为私有物品、公共物品、收费物品和公共资源四个类型,并且每个类型内部还有相应的政策工具。

萨拉蒙(Salamon)和朗德(Lund)。他们根据研究目的和政策工具的应用结果来分类,将其分为无条件的金钱支持、物品和服务的提供、法律保护和限制或惩罚四种类型。

罗斯威尔(Rohewell)和塞戈费尔德(Zegveld)。他们将政策工具划分为供给、环境和需求型三种类型。

陈振明。我国对政策工具划分的研究不多,陈振明教授将政策工具划分为市场化政策工具、工商管理技术和社会化政策工具三种类型。

四、政策工具理论的适用性分析

政策工具作为达成目标的手段,由于其理论强大的解释力和广泛的应用性吸引了大量外国学者的关注与研究,使得它在财政金融、环境保护、废物处理、土地资源管理、农业政策、基础设施治理、就业服务、教育、体育、科技、药品安全监管以及艾滋病防治等领域得到广泛应用。而我国接触政策工具的时间较晚,直到21世纪初才被介绍到国内,并且同其他理论一样, 诞生于西方的成熟理论到我国想要立竿见影是一件非常困难的事,即便如此,政策工具还是在短时间内引起了大批国内学者的关注。目前在我国,各大领域的政策研究都经常出现政策工具的身影,甚至在体育方面,无论是学校体育、体育产业还是体育科技,一些政策工具理论对很多领域的适用性也得到了学者们的实证。但有一个非常值得注意的问题,国内学界缺乏对政府工具的深入的理论研究和实证分析,并不能为公共管理的创新与改进提供理论基础和卓有成效的工具。

尽管一些政策工具理论在我国已经被广泛应用,但是对政策工具理论资源的引入和发展,需要结合国内经济社会基础、体制环境和政策背景等因素对其进行本土化;在对政策工具研究中，也要自觉区分政府内部管理工具和外部政策工具，并使两者相互匹配。只有这样，才能建立一个更加适用于我国行政体制的、还能适应我国政府、市场与社会发展程度的、本土化的政策工具理论，为中国政策科学的发展和公共管理实践的改善提供一个强大有力的生长点和切入点。

第七节　小结

政策是正式的社会组织（包括政府也包括其他各种类型的组织），为了有计划地处理某些事务、解决某些问题、做出某些改变等，有意识、有目的设计的行动原则和行动方案。国家管理教育必须通过制定和实施教育政策来管理。教育政策的制定需要政策理论来指导，教育政策又作用于教育实践，促进教育理论的提高与改进。体育政策作为众多公共政策的一部分，是指政府部门或体育社团组织针对体育中问题与矛盾所采取的用以规范、引导有关机构团体和个人的行为准则与行动指南。随着时代的不断发展，政策分析的理论与方法也日趋科学化，林德布络姆的渐进决策理论，奎德的公共政策决策分析，卡赞斯坦政策网络，金登的多源流理论等专家学者根据不同时期的社会环境发展需要，从不同视角对政策理论与方法进行规范。

第二章

我国体育教师教育政策的理论发展历程

自1978年改革开放以来，中国的体育事业开始了迎向光明的发展。在改革开放背景的映掩下，中国的综合国力迅速提升，经济发展也愈发迅速，中国的国际地位逐渐提高。至今为止，改革开放已经历了四十余年之久，体育教育四十年间饱经沧桑的同时，也在不断地发展。与此同时，体育教师教育政策也在经历着历史的洗礼，每个历史时期的政策演变出不同的历史特征。

不同的历史时期有着不同的政策演变，每次政策演变都带有一定的规律性。这些规律性的演变通过政策文本大纲、政策文本主体、政策文本主题以及政策的发布时间等体现出来。通过对政策文本的质性与量化分析，本文将四十年以来改革开放后的政策发展历程分为四个发展阶段：体育教师教育政策恢复调整阶段（1978—1986年）、体育教师教育政策加强改进阶段（1987—2000年）、体育教师教育政策深化改革阶段（2001—2011年）和体育教师教育政策创新突破阶段（2012—今）。体育教师教育政策的四个阶段是对政策进行的跨越式总结与阶段性论述，是不断递进、完善与发展的关系，每个阶段都完成了各个阶段的使命与任务，为我国体育教师教育的不断创新与发展奠定了坚实的基础。

第一节　体育教师教育政策恢复调整阶段（1978—1986年）

1897年，近代体育教师教育的开端是盛宣怀在上海创办了南洋公学师范学院，此时我国就展开了教师教育的执行工作。体育教师教育雏形的出现是在1903年《奏定初级师范学堂章程》《奏定优级师范学堂章程》颁布之后，此后体育教师师范教育开始了其发展之路，我国借鉴了国外的体育教师教育培养模式，并在其探索的基础上建立了专业的体育院校，而后又在体育院校的基础上，开始设置综合类师范大学的体育学院，并开设了其对应的体育学科，对其专业的体育教师进行专业培训，制订了体育教师教育的对应制度，为我国体育教师教育的发展奠定了坚实的基础。

国家对教师教育的重视正是此时展开的,同时也喊出了"重视教师、重视教育"的口号。此时中国体育的发展还仅仅处于世界偏中的位置,而中国的体育需要更快速的发展,想要进入世界体育强国的前提是我国一定要拥有一流的体育教师队伍建设,其尤为必要。1978年,党的十一届三中全会上确立了社会主义初级阶段的发展道路,为我国的体育教师教育乃至教师教育的发展指明了方向,因此,体育教师教育进入了自改革开放以来的历史新的发展时期。

改革开放后(1978—1986年)的长达八年的时间里,国家颁布了若干的体育教师教育政策,其引领了我国体育教师教育规模的发展。以中共中央、国务院、教育部、国家体育总局为主体的政策共颁布了37份文件,这些政策文本的主题不乏恢复教师师范培养、体育教师师资队伍建设、教师教育建设等,政策文件中大部分文件主题为恢复教师师范培养,国家也在注重恢复教师教育的培养,少部分政策文件是关于体育教师教育发展的政策,表明体育教育在教师教育中的重要地位非常重要。体育教师教育的发展历经了这一时期的调整与恢复,为我国体育教师教育的发展奠定了坚实的基础。自1978年体育教师教育发展的开端到1986年体育教师教育师资队伍建设意见的提及,我国教师教育政策在这一阶段主要经历了诸如国际奥委会的合法席位恢复、扬州回忆、全国师范教育工作会议、体育全国工作大会以及中国体育科学学会的成立等,这些事件的开展,为我国体育教师教育的发展奠定了信念与基础,我国的体育事业也在恢复与发展的道路上,体育教师教育事业的发展也在不断恢复与调整。

一、恢复和加强体育教师师范教育,加大师资队伍建设

体育事业的发展面临着极其严重的问题,为了体育事业更好更快的发展,现阶段必须要解决体育教师师资建设的体育教师短缺问题以及体育教师素质能力提升的问题,此时亟须恢复师范教育建设,也就是需要恢复和发展之前荒废的师范教育以及继续加强与发展师范教育。1978年1月,北京召开了第一次全国体育发展计划,会议制订了今后3年、8年、23年的体育事业发展计划,明确了以下问题:要加强党对体育事业工作的领导,并培养统一专业的体育教师队伍,加强队伍建设,并规范体育教师规章制度;1978年4月下发的《关于关于加强学校体育、卫生工作的通知》,是由教育部、国家体育运动委员会乃至卫生部联合下发的,其做出了中小学生需要每天锻炼一小时的体育任务,并强调师范院校需要建设好体育师资队伍建设,切实解决好体育教师的人口问题,加快建设体育教师教育相关制度体系;而后,1978年7月,国家体育运动委员会下发了《关于认真办好体育学院的意见》,明确指出要宣传忠诚党的教育事业,安心

做终身体育的工作，并保证教师大部分时间用于搞科研，切实提升青年教师的政治素养及文化素质水平。1979年5月教育部联同国家体委在扬州召开了关于学校体育如何发展、如何建设体育教师师资队伍的会议，并指出专业体育院校应选择有特色或者自身需要的特设部门；1979年10月教育部、国家体育运动委员会联合下发了《关于试行高等学校体育工作暂行规定(试行草案)》和《中、小学体育工作暂行规定(试行草案)的通知》，通知中均提到体育教师的培养问题；1980年1月，国家召开了第三次全国体育工作会议，会议提到了体育教师教育的培养、体育师资队伍的建设等问题，另外会议还指出要充分挖掘体育教师的优势作用，发挥专业体育院校、师范类院校以及科研所等机构培养体育教师的重要性，并极力提高各大高校的办学能力；1983年5月，国家体委颁布了《关于进一步加强学校体育工作的意见》，意见指出体育教师师资队伍建设为教育建设的重要环节，体育教师师资队伍建设应作为日后发展的重点任务；1985年5月，中共中央下发了《关于教育体制改革的决定》，指出要大力开展义务教育，并加强体育教育体制改革，规定了师范院校的办学与教师培养、建立长期而持续的师资队伍建设，并提高体育教师的学科素养，我国体育教育开启了素质教育思想转变的浪潮；1986年2月，国家教育委员会下发了《关于加强中小学体育教师队伍建设的意见》，指出要继续加强体育教师的师资队伍建设，各机构应按照要求加快体育教师的培养任务；1986年5月，原国家教委下发了《高校体育专业教学计划试点改革方案》，明确提出了高校体育及体育教育专业教学的改革方案，重新制订了关于普通高校本科体育教育专业的教学指导方案，体育教师改革也由此被提上了日程；同年7月，《中华人民共和国义务教育法》开始实施，义务教育法的颁布及实施是我国教育体制改革新的里程碑，对我国教育改革的发展产生了极其重要的影响，这也是国家首次将义务教育提上日程，并作为国家的重要法律法规。

国家在制订法律法规的同时，还对我国的师范教育做了整体的部署工作，调整恢复阶段的八年时间里下发了《关于加强和发展师范教育的意见》(1978年)、《关于师范教育的几个问题的请示报告的通知》(1978年)、《教育部关于办好中等师范教育的意见》(1980年)、《中等师范学校规程（试行草案)》(1980年)、《关于大力办好高等师范专科学校的意见》(1980年)、《关于基础教育师资和师范教育规划的意见》(1986年)、《关于加强和发展师范教育意见》(1986年)等政策文件，这些政策文件无不对教师教育师资队伍建设以及体育教师的培养奠定了坚实的基础。国家政策文件的颁布指引着各部门的分工合作，即在国家体制重视的体育教师发展的观念下，各部门都重视师资队伍的建设，另外各机构部门也纷纷投入到体育教师师资队伍的建设中，各师范院校、体育院校也投入到扩招、扩专业的行列中，新的体育教育课程改革方案也应运而出，对教材的编撰、人口的增长等都是培养体育教育专业人才的举措。

二、开始重视体育教师的在职培训与在职进修

国家开始注重体育教师的入职培训以及进修工作,目的在于提升我国体育教师的师资质量,在此基础上颁布了一系列法律、政策文件,体育教师的数量与质量都得到了不同程度的加强,不光体现在在职培训的教师方面,还体现在在职进修体育教师方面,以便于提升体育教师的专业能力和教学能力,对学校体育教育的改革具有非常重要的历史意义与价值。

1978 年 1 月,国务院下发了《教育部关于加强中小学教师队伍管理工作的意见的通知》,提到要切实恢复与加强基础教育建设,增强入职及在职教师的培训与进修工作;1978 年 4 月,下发的《关于关于加强学校体育、卫生工作的通知》是由教育部、国家体委联合卫生部共同下发的政策性纲领文件,表示要加强体育教师师资队伍建设,培养体育在职教师的业务能力与体育教育教学能力;1980 年,教育部下发《关于进一步加强中小学在职教师培训工作的意见》,强调要大力建设继续教育学院以及教师的师范教育,并完善体育教师教育的培训制度体系。

1982 年,教育部颁布了《加强教育学院建设若干问题的暂行规定》,提及体育教师师资培训基地的建设, 并表示要增强师范教师的教育质量, 对教师提出了严格的要求;1983 年,教育部在下发的《关于加强小学在职教师进修工作的意见》中提出中小学在职及入职教师的培训与进修问题,并为此提出了一系列建设性的意见,从而提高在职入职教师的教育质量与教育能力;1983 年,教育部在《关于中学在职教师进修大学本科课程有关问题的意见》中对教师师资队伍建设的标准进行了规定,并表示培训的教师必须符合相应的学历及学位,还应必须出示相应的证明材料;1986 年,教育部下发《关于加强在职中小学教师培训工作的意见》,指出要切实提高师范类教师的教学能力与教学质量,并对体育教师的培训进行大量的投资建设,尽量以精、多、全的形式健全教师培训;1986 年,国家教育委员会下发了《关于加强中、小学体育师资队伍建设的意见》,强调要保障体育教师师资的各种权益,务必提升其业务能力,并打造一支具有一专多能的新型体育教师,意见的出台显示出政府对于体育教师培训建设的能力,也标志着我国体育教师培训的新征程即将到来。

改革开放以来,我国体育教师政策主要投身于恢复与发展,主要表现为政策的重创与恢复、教师师资的更新与恢复、教师培训的创造与发展,通过多途径、多方面、多方式、多方法的教师培训,增强体育教师的专业能力与业务水平。这一阶段为我国体育教师教育的发展奠定了笔墨浓稠的一笔,不仅提升了体育教师的“质”,也为体育教师的“量”打下了基础,为我国体育教师的人才力量做了充足的保障。

第二节　体育教师教育政策加强改进阶段（1987—2000 年）

经历了体育教师教育的调整恢复阶段后，我国体育教师教育开始步入加强与改进阶段，加强与改进的标志性事件为 1986 年教育部下发的《关于加强中、小学体育师资队伍建设的意见》，从此体育教师教育进入了新的历史阶段。加强与改进阶段的 13 年间，我国共颁布 72 项法律法规，大量法律法规的颁布彰显着我国对教师教育政策改革的决心。通过对这一历史阶段的整理，总体特征表现为如下几方面：

一、完善体育教师培训体系，打造体育教师教育新发展

原国家教委、体卫司委托重庆市教育局于 1987 年 10 月召开了“教育学院系统体育师资培训教学改革研讨会”，会议主要针对体育教师的师资培训工作，继续创设新的师资力量，为我国体育教师储备人才等相关工作；1989 年，原国家教委下发了《三年制中等师范学校教学方案（试行）》，表示要继续提高体育教师的师资力量，继续增加多类型、多方式的教师培训，提高体育教师的教育质量；1989 年，国家教育委员会颁布了《电视师范教育管理办法（试行）》，其中提到师范类教师应继续提高其业务水平与教学能力，继续大量开展多方面的教师培训与师资队伍建设。

1990 年，教育部下发了《学校体育工作条例》，其中提到了体育教师的男女比例问题，认为目前体育教师存在男多女少的尴尬局面，并表示要增加女性体育教师的数量，并把教师培训及进修工作提上日程；1990 年教育部下发的《全国中小学教师继续教育工作座谈会会议纪要》中提到要关注教师教育的转型，把继续教育作为日后的重点工作，这标志着我国教师教育进入了新的历史阶段，体育教师不仅要以量的形式增长，还要以质的形式存在。

1991 年，原国家教委下发《关于开展小学教师继续教育的意见》，指出要培养一专多能的体育型教师，积极开展教师教育培训工作，扩充教师资源，大力发展体育教师师资队伍，提升师资队伍的质量建设；1992 年，教育部发布《全国高等师范学校师资培训“八五”计划要点》和《关于加快中学教师学历培训步伐的意见》两个政策性文件，表示在充分肯定“七五”期间高师师资队伍建设成绩的同时，还必须认识到教师工资待遇的问题，部分专业院校和师范院校的师资待遇并不是太高，强调在“八五”期间要加强学历培训，增强教师的学历水平，扩充师资队伍建设。《普通高等学校本科体育教育专业

教学计划》经多次修改与确定，最终形成了面向普通高等学校设立新的教学计划和课程改革方案设计，并对高等学校体育专业的新版教材进行了改革，规定了体育教师的培养目标与教学目标；1993 年下发了《中华人民共和国教师法》，这是中国历史上教师改革的新历史，此后我国的教师教育便进入了新的历史轨道，其为教师的发展做出了新的指示与说明。

1996 年，教育部下发了《关于做好体育卫生、艺术教育、国防教育“八五”工作总结、“九五”规划工作的通知》，提到要切实加强体育师资队伍的建设，提高体育教师培养的质量要求，继续提升体育教师的数量与质量；1997 年，在上海举办了第一届全国体育学生基本技能大赛，为我国的体育教师队伍建设注入了新的活力，提升了体育教师的业务能力及教学能力，为我国体育教育的发展奠定了基础；1998 年，教育部下发的《面向 21 世纪教育振兴行动计划》中提出要继续完善教师队伍的师资队伍建设，切实提升体育教师的业务水平与执教能力，完成标准量的教师培训与进修，加强继续教育工作，建立教育资金，继续发展一专多能的体育型教师以及师范类教师，完善各种教师培训制度，增强教育基地的建设及教学网络的维护工作；1998 年，教育部下发了《加强中小学教师继续教育区域实验工作的几点意见》，其中包含了教师继续教育的新标准，对课程目标、课程建设、课程评估及课程网络维护提出了新的标准。

1999 年教育部颁发了《中小学教师继续教育规定》，出台此规定的主要目的是为了提升教师师资队伍建设的整体素质，另外规定还鼓励中小学及高校教师注重教师培训和进修工作。2000 年，教育部下发了《关于做好中小学骨干教师进行国家级培训工作的通知》，其中提到要切实加强对农村中小学教师的重点培训与进修，增强农村体育教师的师资队伍建设，使得农村与城市接轨，全面推进义务教育建设，提升农村体育教育的质量，完善全国的师资队伍建设，而不仅仅是城市的体育教师建设，农村中小学体育教师建设也要重点抓。

由此不难发现，国家由关注部分地区的师资队伍建设与培训转为全国性师资队伍建设，重点抓农村中小学的师资队伍建设，追求体育教师由量变转为质变，切实提升体育教师的教育质量，增多体育教师的培训与进修工作，这一系列教师教育政策的转变，推进了我国教师教育的新型发展。

二、规范体育教师入职资格，健全法律法规体系

1989 年，原国家教委下发了《关于继续做好中小学教师考核合格证书试行工作的意见》，其中对教师的绩效考核做了明确的指示，表示要统计好教师的考核工作，并对考核不过关的教师不应下发考核合格证书；1993 年，《中华人民共和国教师法》的颁布成为教

师教育发展以来的新起点，教师教育首次以法律形成了教师资格制度，提出了教师获得的条件，并明确了教师的培训及进修，形成了更加规范的教师教育法律体系；1995年，《教师资格条例》的下发明确了教师资格的认定工作，《教师资格条例》是对《中华人民共和国教师法》教师资格确定及认定的详细补充；1995年，在中华人民共和国第八届全国人民代表大会常务委员会第十五次会议上颁布了《中华人民共和国体育法》，体育法规定了体育教师教育的保障工作，另外还完善了体育教师教育培养与发展的法规体系；1996年颁发《中华人民共和国职业教育法》更是对进入教师职业的教师做出了入职及职后的规定；1998年颁发了《中华人民共和国高等教育法》，法律中规定了高等教育教师的入职及职后培训进修问题，为高校教师的入职问题做了更详细的补充说明；2000年颁发的《〈教师资格条例〉实施办法》更是对教师资格的获取与资格问题做了详细的说明，更详细地规范了体育教师的入职资格与职后教育问题，同时也为教师资格的考核做出了评价标准。我国体育教师的考核标准与考核制度从此进入了初步实施时期，为日后体育教师的崛起与发展奠定了坚实的基础，也标志着我国体育教师进入了法制化的历史发展时期。

三、教育运行机制改革，实施"跨世纪园丁工程"

1992年，国家教育委员会制订了《普通高等学校本科体育教育专业十一门课程基本要求》，对高校体育教育专业的课程标准与课程改革方案提出了新的标准，自此普通高等学校本科体育教育专业进入了规范化的进程；1993年，教育部下发了《中国教育改革和发展纲要》，规定了阶段时期的教育改革发展规划，对教育的发展做出了新的指示，指明了教育发展的新方向，此纲领也是阶段时期教育改革的纲领性文件，还规定了教师师资队伍建设、教师自身业务能力及教学水平的提升等问题；1993年，原国家教委颁发了《关于深化体育改革的意见》，意见出台的目的在于促进体育院校教师队伍的改革，为专业体育院校指明学校的规划方向，表示学校可以根据自身的情况，特设专业、课程，并可随学校发展自主招生。

1997年，原国家教委颁发了《全国普通高等学校体育教育专业本科专业课程方案》，明确指出了高等学校体育教育专业的课程改革新方向，高等学校可根据自身情况自行建设校本课程，设置课程实施方案；1998年，原国家教委下发的《关于印发〈普通高等学校体育教育专业九门主干课程教学指导纲要〉的通知》指出：要结合国家体育改革的实际情况自定课程，有效培养高质量的体育师资队伍；同年，教育部还下发了《全国普通高等学校三年制体育教师专业学科课程方案（试行）》及《全国普通高等学校二年制体育教育专业学科课程方案（试行）》，课程方案为改进提高时期的教育发展注入了新的活力，体育专业的发展也步入了更加稳定的发展阶段。

1998年,教育部下发了《面向21世纪教育振兴行动计划》,计划中提到要保证新纪元教育的改革与发展,面向新纪元的教育振兴与规划,深化体育改革,实施“跨世纪园丁工程”,保证体育师资队伍的建设,不仅是教师队伍的量的变化,更重要的要保证师资队伍质的建设,这标志着我国教育振兴开启了新征程;1999年,中共中央、国务院等部门颁布了《关于深化教育改革全面推进素质教育的决定》,鼓励教师师资队伍建设,以增强教师的师范教育与培训进修为目的,全面提升教师的整体质量水平。我国体育教师的教师培训开始向多元化、多类型化、多方式化的方向发展。

在体育教师教育的改进加强阶段,国家继续加大法律法规的要求,继续全方面地规范我国教师教育的法律法规,这一时期主要集中在体育教师的继续教育、教师培训与进修、体育教师的师资队伍建设等问题,鼓励教师多方位的增强教学质量与培训质量,转变教师教育的形态,由量变到质变转变,改进加强阶段的教育体系的完善,为我国体育教师教育的发展奠定了坚实的基础。

第三节　体育教师教育政策深化改革阶段(2001—2011年)

2001年7月13日,中国申奥成功。中国的体育教育事业也迎来大发展,2001年国务院颁布了《关于基础教育改革与发展的决定》,指出师资队伍的建设、教师的进修与培训都属于基础教育改革的内容,并确定了“教师教育”新名词的概念,这也是自教师教育发展以来首次在政策文件中以新名词的形式提出。《关于基础教育改革与发展的决定》也标志着我国体育教师教育政策的深化改革进入新的局面,深化改革阶段的主要特征有:

一、深化改革,加强体育师资队伍建设

2001年,国务院颁布了《关于基础教育改革与发展的决定》,指出要加强体育教师师资队伍建设,加快课程改革体系,更新教学方式、教学内容、课程教材等,继续做好教师培训进修工作;同年6月,教育部又颁布了《基础教育课程改革纲要(试行)》的通知,目的在于加强新的课程改革方案,改进基础教育课程,进一步实施基础教育改革。

2002年,中共中央、国务院又下发了《关于进一步加强和改进新时期体育工作的意见》,指出要进一步加强新时期体育改革的方针,对新时期体育改革做了明确的总体

要求与规划;同年 2 月,教育部又下发了《关于"十五"期间体育教师教育改革与发展的意见》,总结了"九五"期间的工作重点,以及对"十五"期间体育教师教育改革与发展的趋向,梳理了未来工作的重点、方针与目标及规划措施,此外还表示要充分发挥体育教师在教育改革中的重要作用,进一步促进教育规划的改革,为体育教师教育指明了方向。

2003 年,教育部等部门下发了《关于幼儿教育改革与发展的指导意见》,提出了幼儿教育改革与发展的目标,以及进一步完善幼儿教育管理体制和机制,切实履行政府职责,切实保证幼儿教师的师资队伍建设与培训;2004 年,国务院又在《面向 21 世纪教育振兴行动计划》的基础上颁布了《2003—2007 年教育振兴行动计划》,提出要重点推进与发展农村教育的改革与发展,并实施"高素质教师和管理队伍建设工程",全面推进教师队伍创新建设,完善教师终身学习的体系。

2007 年,教育部下发了《国家教育事业发展"十一五"规划纲要的通知》,提出现阶段教师队伍建设取得突破性的新进展,教育投入不断增长,办学条件得到改善,教学质量稳步提升,但必须要做好教师教育培训与师资队伍的建设;2010 年,国务院下发了《国家中长期教育改革和发展规划纲要(2010—2020)》,提出要加强中小学教师队伍建设,推进教师制度改革体系,提高教师待遇,促进教师终身学习的理念,推进高校教师继续教育制度与评价奖励机制,相应措施是连续颁发,使得体育教师教育改革步入新的历史时期。

体育教师教育改革进入新的历史时期,国家更加重视教师道德规范的培养。2003 年,教育部下发《关于进一步加强中小学教师队伍管理和职业道德教育的通知》,表示要加强中小学教师队伍管理和职业道德教育的基本要求;2008 年,教育部下发的《关于重新修订和印发〈中小学教师职业道德规范〉的通知》中也提到了要将《中小学教师职业道德规范》加入中小学教师的继续教育中;2011 年,教育部、中国教科文卫体工会全国委员会下发的《关于印发〈高等学校教师职业道德规范〉的通知》也强调了加强师德培训,把《高等学校教师职业道德规范》加入高校教师的工作考核及师范教育中,这些文件的出台也标志着教师开始转向素质化发展。

二、制订多个项目计划,促进体育教师教育全面发展

深化改革阶段的体育教师教育面向多元化、全面化、多方位的趋势发展,在这一时期的发展中,我国体育教师教育颁布了多项发展战略与措施,使我国体育教师教育发展更加迅速,具体包含以下几个阶段:

(一)体育师资培训基地建设

2001 年,教育部下发了《关于建设国家体育与艺术师资培训基地的意见》,意见关于体育教师培养基地的建设、体育教师师资队伍的建设、体育教师的培训与进修等工作做了示范作用。

(二)新课程培训计划

2001 年,《体育与健康课程标准》的颁布为体育与健康课程的实施确立了新的方向,也明确了体育教师的课程实施与教育标准,标志着体育教师教育发展进入了新征程;2004 年,教育部颁布了《关于进一步加强基础教育新课程师资培训工作的指导意见》,为基础教育课程师资培训奠定了新方向;2011 年,《义务教育体育与健康课程标准》的出台为体育与健康课程的改革奠定了基础,其还提出要提升师资队伍建设力量;2011 年,教育部颁发的《体育教师教育课程标准(试行)》对体育教师教育课程提出了新的要求,另外还表明了要大力建设体育教师教育培训机构。

(三)体育教师教育信息化建设计划

2002 年,教育部下发了《关于推进体育教师教育信息化建设的意见》,提出要建设好信息化基础建设,改革体育教师教育的信息技术与教育技术的有效结合,以此来提升体育教师的教育质量,意见的出台也标志着中国体育教师教育进入了信息化时代。

2004 年,教育部下发了《中小学体育教师教育技术能力标准(试行)》,该标准对体育教师教育技术能力提出了相应的要求,并制订了一定的标准;2005 年 4 月又发布了《关于启动实施全国中小学体育教师教育技术能力建设计划的通知》,通知也对中小学体育教师教育技术能力提出了一定的要求,并逐步开始实施建设计划;7 月又发布了《关于印发〈中小学教学人员(初级)教育技术能力培训大纲〉的通知》,通知的目的是为了更好地做好中小学教学教师的教育技能能力培训,为中小学体育教师的教育技术能力发展奠定了基础。

(四)网络联盟和现代化远程培训

2003 年,教育部下发了《关于实施全国体育教师教育网络联盟计划的指导意见》,对全国体育教师教育网络联盟计划制订了相应的规定,对体育教师的网络能力做出了相应的指示。

2004 年,教育部转发了中央广播电视大学《中央广播电视大学关于广播电视大学进一步面向农村开展现代远程教育的若干意见》的通知,通知中鼓励了中国广播电视大学对农村远程教育的支持,对农村教师教育能力的发展具有重要意义;2004 年,教育部下发了《关于加快推进全国体育教师教育计划组织实施新一轮中小学教师全员培训的意见》，指出要全面推进全国教师教育计划，并提升新一轮的全国中小学教师全员培训的任务。

2005 年，教育部下发《关于实施教师网联计划进一步加强和改进体育教师教育工作的意见(试行)的通知》，要求在进一步加强和改进体育教师工作的基础上，重视教师网联计划的实施，教师培训要认识到网联计划远程的重要性。

2008 年，教育部颁布了《关于组织实施 2008 年暑期中西部农村义务教育学校教师国家级远程培训的通知》，鼓励暑期中西部偏远地区教师远程培训，带动中西方教育的发展；2009 年，教育部《关于组织实施 2009 年中西部农村义务教育学校教师远程培训计划的通知》二期政策，强调了远程教育工程的重要作用，并提出了相应的培训目标、培训计划、工作任务以及培训的时间、形式和学科，为中西部农村学校的教师带来了新方向与新目标；远程培训计划为我国中西部教师带来了新的教学方式方法，为中西部教育的发展奠定了基础，随着科技的发展，得益于远程培训的实施，全国的教育发展到达了新的高度。

(五)国培计划

2008 年和 2009 年教育部连续颁发了《关于〈2008 年中小学教师国家级培训计划〉的通知》和《关于印发〈2009 年中小学教师国家级培训计划〉的通知》，为我国中小学教师的培训与进修奠定了方向；2010 年，教育部对《关于组织实施“国培计划——2010 年普通高中课改实验省教师远程培训项目”的通知》的颁布，提出了国培计划的远程培训项目，要求高中新课改运用教师远程培训；同年，还颁布了《关于召开全国中小学教师培训暨“国培计划”启动实施工作会议的通知》，同样对国培计划的开展实施指明了新的方向；2011 年教育部颁布的《关于组织实施“国培计划(2011)”——县级教师培训机构培训者远程培训项目的通知》，以县为单位对教师培训计划做出了远程培训的指示，表示要创新培训方式方法，利用现有科学技术更新教师培训与进修新内容。

2008 年，教育部颁布了《关于组织实施西部初中骨干体育教师国家级培训的通知》，提出组织西部地区初中专职骨干体育教师培训，帮助其掌握更多中学基础项目的专业能力与教学技能，提高业务能力水平，加强中西部农村教师教育师资建设；2009 年，教育部下发《关于组织实施中西部中小学体育、艺术骨干教师国家级培训的通知》，主要围绕学校体育形势、体育教师教学能力、体育教学实践运用等方面实施。国培计划的开展为我国体育教师教育的培训奠定了坚实的基础，为未来的体育教师教育发展提供了新方向。

三、“特岗计划”和“免费师范生教育”回归

2006年，教育部联合财政部下发了《关于实施农村义务教育阶段学校教师特设岗位计划的通知》，引导和鼓励高校毕业生从事农村教育，前往基层任教，而又可通过招募高校毕业生的形式前往西部支教，西部支教的教龄加入工作教龄中，整体提升农村及偏远中西部地区教师的质量。

2007年，教育部颁布了《教育部直属师范大学师范生免费教育实施办法(试行)》，规定了北京师范大学、华东师范大学、东北师范大学、华中师范大学、陕西师范大学和西南大学六所部属师范大学实行师范生免费教育，可以享受免费攻读免费师范学校的待遇。

2008年，教育部颁布了《关于做好2008年农村义务教育阶段学校教师特设岗位计划工作的通知》，总结了农村义务教育阶段学校教师特设岗位工作计划实施的经验，并对接下来的工作计划进行展望与部署。

2009年，教育部颁布了《关于继续组织实施“农村义务教育阶段学校教师特设岗位计划”的通知》，其中对新入职教师提出了更高的要求，并鼓励教师长期留任教学，并享受更高的工作待遇；同年3月，教育部颁发了《关于做好2009年“农村义务教育阶段学校教师特设岗位计划”实施工作的通知》，对2008年的特岗计划实施情况做了总结，并对2009年实施计划进行了部署，以保证计划的顺利展开。2009年，教育部又颁布了《关于做好2010年“农村学校教育硕士师资培养计划”实施工作的通知》，通知表示教育硕士回农村教学培养的工作要求、工资待遇等内容，表达了对高学历特岗教师的重视程度，并鼓励高学历特岗教师留校继任。

“特岗计划”和“免费师范生”计划是我国教育发展的新台阶，为高校毕业生指明了新的就业方向，不仅带动了我国农村教育的发展，也为中西部贫困地区带去了教育的新方向，计划的实施改善了贫富差距，是精准扶贫的重大实施举措，为更多人才指明了新的出路与方向。2011年，教育部发布的《中、小、幼师专业标准(试行)》为体育教师带来了更专业的标准，为我国教育发展的更加辉煌奠定了坚实的基础。

综上所述，中国体育教师教育政策的深化改革阶段实施了体育师资培训基地建设、新课程培训计划、体育教师教育信息化建设计划、网络联盟和现代化远程培训、国培计划、“特岗计划”和“免费师范生教育”等计划，使我国的教育系统更加完善，国家对教育教学计划的部署是我国体育教师教育的新方向，也标志着我国体育教师教育进入了深化改革飞速发展的新阶段。

第四节　体育教师教育政策的创新突破阶段（2012—今）

党的十八大以来，我国体育教育的布局以"五位一体"为引导，以"四个全面"为战略，自此我国体育事业进入了新时期。创新突破时期的体育教育事业继续深入推进，具体表现为以下几个方面：

一、建设创新型体育教师队伍

（一）加强师德建设

2012年国务院下发了《关于加强教师队伍建设的意见》，指出了加强教师师资队伍建设的指导思想、总任务和总目标，把师德作为评价教师考核的标准，并提出要切实保障教师的合法权益和工作待遇；2013年，教育部下发了《关于建立健全中小学师德建设长效机制的意见》，提出要建立健全中小学教师的师德培养，并体现在教师培训与进修中，引导教师拥有好的师德及个人修养。

2014年，教育部颁布了《关于实施卓越教师培养计划的意见》，提出了要实施卓越教师的培养计划，意在提升教师职业的个人修养与质量，创新教学机制，培养一批批专业的教师师资队伍，另外政府还与中小学、高校建立起三位一体的培养新体系，推动了教师发展的新方向；2014年教育部下发了《关于建立健全高校师德建设长效机制的意见》，为高校教师师德的建立指明了方向，该机制能促进教师自我个人修养的建立。

2018年，中共中央、国务院颁发了《关于全面深化新时代教师队伍建设改革的意见》，对新时代的教师队伍提出了更高的要求，要继续加强师资队伍建设，改革与创新师资队伍的功能，继续培养教师的师德，促进大中小学教育的一体化；同年2月，教育部、发改委等部门下发了《体育教师教育振兴行动计划（2018—2022年）》的通知，要求全面推进师德养成行动，提升教师培养层次，提高乡村教师个人素质，推进"互联网+"教育体系，建设高水平教育基地建设等任务；9月，教育部又下发了《关于实施卓越教师培养计划2.0的意见》，其中提到了新阶段发展的总体思路、工作计划以及改革任务和重要举措，促进体育教师又好又快的发展；11月，教育部下发的《关于全面深化新时代教师队伍建设改革的实施意见》提到了要创新发展新时代教师队伍建设，切实提升教师的师德及个人素质，不断推进个人师德的养成。

(二)开展校园足球活动

2013 年,国家体育总局联合教育部下发了《关于加强全国青少年校园足球工作的意见》,标志着我国教育的重心转到体育方面,校园足球由此全面开启,意见中提到了要大力建设校园足球师资队伍建设,开展特色教学,完善竞赛体制等内容;2015 年国务院颁布了《中国足球改革发展总体方案》,提出要扩大校园足球的师资队伍,培训具有专业、兼职足球的教师,提高足球教师的教学水平,鼓励引进优秀教练及教师资源。

2015 年,教育部等六部门下发了《关于加快发展青少年校园足球的实施意见》,强调加强师资队伍建设, 配齐配足校园足球教师, 建立教师长期从事足球教学的长效机制;2018 年教育部办公厅下发了《全国青少年校园足球改革试验区基本要求(试行)》和《全国青少年校园足球试点县(区)基本要求(试行)》,标志着校园足球迈进了历史新局面,表示要带动所有区域中的教师和教练员,特别是一线体育教师、足球教练;同年 9 月,教育部又颁发了《关于组织开展 2018 年全国青少年校园足球教练员国家级专项培训的通知》,标志着国家由发展体育教师师资队伍建设转为培训青少年校园足球教练员,欲打造一支专门的校园足球师资队伍。

总体来说,这一时期的政策都带动了新时代体育教师队伍师资力量的建设,但仍存在一定的问题,如结构还不够完善,随着教育的不断发展,我国体育教师教育将会取得更辉煌的成就。

二、职业教育的教师专业化发展

2012 年,教育部颁发了《关于推进新疆中等职业教育发展的意见》,为中等职业教育的发展奠定了方向,提出了新型体育教师队伍建设的发展;同年,9 月教育部下发的《关于加强幼儿园教师队伍建设的意见》中提到要切实加强幼儿教师的专业化水平,并提升师资队伍建设的质量;2013 年,教育部联同财政部下发了《职业院校教师素质提高计划中等职业学校专业骨干教师培训项目管理办法》,提出了加强职业院校教师素质、提高教师实践教学和课程开发能力、增强体育带头人的作用等内容。

2013 年,教育部颁布了《中等职业学校教师专业标准(试行)》的通知,规定了中等职业学校教师教育的基本理念,要求教师具有师德为先、学生为本、能力为重、终身学习的新理念发展;2016 年,教育部联同财务部下发了《关于实施职业院校教师素质提高计划(2017—2020 年)的意见》,指出要培养具有不同层次和基础水平的“双师型”教师,并通过线上与线下相结合的形式培训职业院校教师,促进职业院校教师的双提高。

综上所述,新时期以来的体育教师教育在崎岖中前进,逐步找到了新的发展方向,我国体育教师教育也在不断摸索中创新发展,加强师德教育、开展校园足球等都体现了我国体育教师教育的发展。通过不断改革教师教育政策机制,为我国体育教师的改革与深化发展带来新的历史方向。

第五节　小结

教育是立国之本、强国之基。体育教师教育是开展学校体育工作的基础,是学校体育工作发展的方向。党和国家始终高度重视体育教师教育的发展和体育教师队伍建设,先后出台了一系列体育教师教育政策,以保障和支持体育教师教育的健康、持续发展。因此,从我国体育教师教育政策的历史进程主要分为:恢复调整阶段(1978—1986 年)、加强改进阶段(1987—2000 年)、深化阶段(2001—2011 年)和创新突破阶段(2012 年—今)。这四个阶段展现了体育教师教育政策数量变化呈逐年增长与迅速减少相结合;政策文本制定主体权威性与相互协作性结合;政策主题以教师培养与进修为主;政策整体向着体系化的方向提升,促进了我国体育教师教育的创新发展。

第三章
我国体育教师教育政策文本的统计与分析

第一节 政策文本的选择

根据政策的定义来看,国家政策是结合我国和国际社会的实际情况,为建设、管理整个国家和处理国内外事物而确定的方针、路线、原则、制度和其他对策的总称,是有关建设、管理国家和处理国内外事物的一切行为的行为准则[37]。因此,本书中的体育教师教育政策文本,是指国家决策机构为推动体育教师教育改革,保障体育教师教育可持续发展而以正式书面形式发布的各种法律文件的总称。

本研究选择的范围是从1978年到2020年的体育教师教育政策文本,仅限于国家层面由全国人大、中共中央、国务院以及各部委等单独或联合颁布的各种体育教师教育政策,不包括地方政府颁布的体育教师教育政策。而到目前为止中国还没有一部自改革开放以来有关我国体育教师教育政策的政策汇编，所以面对数量众多的体育教师教育政策,考虑到政策选取的科学性和准确性,本人按照国家政府机关、政策文本类型和时间顺序在各大政府官网、书籍报刊和各大图书馆收集相关整理政策文献。

为保证政策内容的通用型和文件内容的完整性,通过咨询相关专家的意见和对政策内容的仔细阅读后,将收集到的368份政策进行删选整理得出315份政策文本对象,并按照时间、发布主体、政策主题、政策标题、文本类型和内容通用型等原则对筛选后的政策文件进行整理归类。而本章节也是从政策文本从数量、主体构成及其频率、主题分布、年度分布等进行定量和定性的分析,得出体育教师教育政策变化的相关特征。

第二节　政策文本数量的分析

一、政策的年度颁布数量

(一)政策的年度颁布数量的变化情况

由表 1 和图 1 可以看出,从总体上看自改革开放以来国家颁布的相关学校体育教师教育的政策呈现不断上涨的趋势,平均每年颁布 7.33 项,在 2011 年颁布的政策数量达到顶峰,颁布数量多达 20 部;1998 年至 2018 年间,平均每年颁布的与体育教师教学相关的政策多达十几部;1987 年政策颁布量为零。

由图 1 曲线图的整体走势可以看出,政策文本的年度颁布情况具有一定的不确定性,从 1978 年到 2020 年的政策数量整体变化可以分为四个阶段:1978 年至 1986 年政策数量不稳定阶段;1987 年至 1999 年政策数量缓慢增长阶段;2000 年至 2011 年政策数量前期平稳后期快速增长阶段;2012 年至 2020 年政策数量相对减少阶段。1988 年以后,国家颁布的学校体育教师教育政策呈现显著增长。为促进和支持教师教育事业的发展,1978 年 4 月教育部制订出台了一部专门整顿教师教育的政策:《关于恢复或建立教育学院或教师进修学院报批手续问题的通知》,这个政策的颁布实施,为体育教师教育的发展奠定了良好的基础,国家开始重视教师的教育问题,我国教育事业进入整顿期,体育教师教育事业也处于恢复整顿期,所以政策数量曲线会出现波浪式增长的现象;1987 年至 1999 年,经历前期教育事业的恢复整顿后,国家已经初步建立了体育教师教

表 1　改革开放以来我国体育教师教育政策年度颁布数量表(1978—2019)

年份	数量	年份	数量	年份	数量	年份	数量	年份	数量	总计
1978	8	1987	0	1996	6	2004	8	2014	7	315
1979	1	1988	2	1997	4	2006	9	2015	11	
1980	8	1989	3	1998	10	2007	7	2016	7	
1981	1	1990	4	1999	15	2008	8	2017	7	
1982	4	1991	2	2000	10	2009	7	2018	10	
1983	3	1992	4	2001	12	2010	12	2019	14	
1984	1	1993	6	2002	13	2011	20	2020	7	
1985	2	1994	3	2003	6	2012	15			
1986	9	1995	3	2004	13	2013	13			

图 1　改革开放以来我国体育教师教育政策年度颁布数量曲线图

育体系模型,这一阶段的主要任务是继续完善相关政策,更好地推进体育教师教育的发展;2000 年至 2011 年,随着"体育教师教育"的正式提出,体育教师教育政策迅速发展,从师范教育到体育教师教育得到进一步的完善和发展。这一阶段,国家颁布的相关体育教师教育的政策多达 125 部,核心政策基本都是在这一阶段启动实施的,政策数量出现快速整长;2012 年至 2020 年,随着一系列体育教师教育政策的出台,体育教师教育体系构建已经趋于成熟,在维持继续发展的同时需要根据十八大以来国家对体育教师教育提出的新要求、新期待等做出新的调整,所以政策颁发数量趋势开始下降。而这也说明我国体育教师教育政策数量与我国推进体育教师教育的进程密切相关,具有较为明显的时代特征。

(二)2011 年出现峰值的原因分析

从改革开放以来我国体育教师教育政策年度颁布数量曲线图可以看出:年度颁布政策数量变化整体一直处于波动发展的态势,但每个波动曲线又呈现一定的规律。从图 1 我们可以发现,政策年度颁布数量曲线在 2000 年到 2009 年波动幅度相对较小,但在 2009 年到 2011 年间曲线则呈明显的直线增加态势,并在 2011 年达到峰值。

21 世纪之初,国务院召开全国基础教育工作会议,会议总结了改革开放以来基础教育工作取得的成就,并颁布了纲领性文件《国务院关于基础教育改革与发展的决定》。"体育教师教育"的提出,标志着我国体育教师教育开始由原来单一的师范教育向多元、开放、包容的体育教师教育方向发展，这在我国体育教师教育乃至世界体育教师教育事业引起了巨大的轰动，体育教师教育事业和各教育事业的改革发展行动蓄势待发，而《决定》的颁发是分析了当前基础教育的现状后，对深化教育改革、推进素质教育做出的针对性的工作部署。紧接着一系列贯彻《决定》精神的配套文件相继颁发。其中体育教师教育也在教育改革和发展的潮流中不断推进。在2000年到2009年期间相继颁发了《关于积极配合和推动基础教育课程改革进一步加强和改进教师培养培训工作的几点意见》《关于建设国家体育与艺术师资培养培训基地的意见》《关于"十五"期间体育教师教育改革和发展的意见》《全国普通高等学校体育教育本科专业课程方案》《2003—2007年教育振兴行动计划》《关于启动实施全国中小学体育教师教育技术能力建设计划的通知》《中华人民共和国义务教育法》《关于组织实施西部初中骨干体育教师国家级培训的通知》等重要的政策文件，政策颁布总数量达到86项。

随着体育教师教育工作的相继开展，国家对体育教师教育工作不断加强，在2009年到2011年期间国家针对体育教师教育政策的颁布总量为39项，占政策总量的12.4%。政策主要包括基础教育新课程教师培训、中西部地区和农村教师培训、特殊岗位计划、国家培训计划和职业教育等内容，其中《关于组织实施中西部中小学体育、艺术骨干教师国家级培训的通知》《关于组织实施"国培计划–2010年中小学体育艺术骨干教师培训项目"的通知》的颁发加快推进了体育教师教育的发展进程。

为保障体育教师教育宏观目标的实现，国家在2010年相继颁发一系列有关"国培计划"的政策，如：教育部关于印发《2010年中小学教师国家级培训计划——示范性项目实施方案》的通知、《关于组织实施2011年高等学校青年骨干教师高级研修班项目的通知》等。"国培计划"系列政策的颁布，标志着体育教师教育培训在国家层面的重视程度。从整体上来看国培计划于2008年开始初步实施，经过两年的实践和经验改进，于2010年开始全面启动。从数量上看，2010年的"国培计划"相关政策数量占据"国培计划"相关政策总量的25%。

2010年，中共中央、国务院在北京召开了新世纪第一次全国教育工作会议，会议对中国未来10年的教育发展做出了全面的规划和安排。会议强调，要把加强教师教育发展作为最重要的基本建设工作，要充分信任，紧密依靠广大教师，努力创建一个具有高尚道德、专业优秀、结构合理、充满活力的高素质教师队伍[38]。会议提出，要坚持优先发展教育的理念，继续推进教育的科学发展，努力建设人力资源强国，确保人民满意教育。会议通过的《国家中长期教育改革和发展规划纲要(2010—2020年)》标志着教育事业新的起点与征程。

2011年教育部印发的《全国教育人才发展中长期规划(2010—2020年)》《关于大力

推进体育教师教育课程改革的意见》《中等职业教育改革创新行动计划(2010—2012年)》《统一义务教育城乡教师待遇》等都是国家落实教育发展的实践表现。由此可见，2011年体育教师教育的相关文件达到了年度数量峰值，与当前阶段国家教育事业的发展建设趋势密切相关。

二、专门型政策与通用型政策的数量分析

体育教师教育政策将包含体育教师教育专门型政策和体育教师教育通用型政策,下文简称为“专门型政策”和“通用型政策”。

专门型政策:指以发展体育教师教育为主要目标而制订的政策,如《关于印发〈全国普通高等学校体育教育本科专业课程方案〉的通知》(2003年)、《关于组织实施西部初中骨干体育教师国家级培训的通知》(2008年)等。

通用型政策:指不以发展体育教师教育为主要目标而制订的政策,但政策文本内容有涉及体育教师教育的发展,如《关于实施教师网联计划进一步加强和改进体育教师教育工作的意见(试行)的通知》(2005年)、《关于大力推进体育教师教育课程改革的意见》(2011年)等。

本书经过整理筛选后将通用型政策分为:综合保障政策、体育发展政策、教师队伍建设政策和体育教师教育政策,例如,《教师资格条例》(1995年)、《关于深化体育改革的意见》(1993年)、《关于“九五”期间加强中小学教师队伍建设的意见》(1996年)和《中小学教师继续教育工程方案(1999—2002年)》(2000年)。具体的政策数量分布如图2所示:

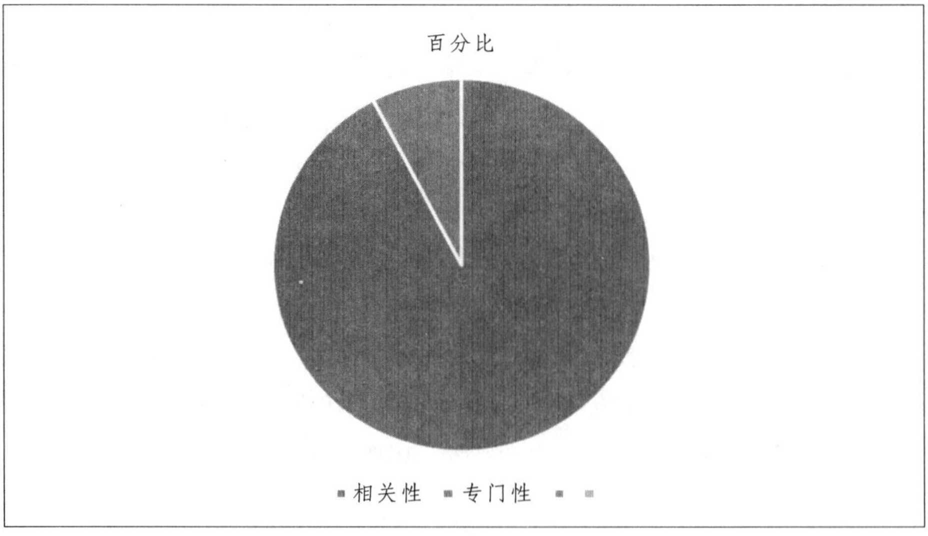

图2 体育教师教育专门型政策和通用型政策数量饼状图

由表 2 和图 2 可知专门型政策占体育教师教育政策的 7.7%，在改革开放至今共颁布了 24 项专门型政策。由于我国体育教师教育政策体系是由引导和规范体育教师教育的专门型政策、体育教师教育通用型政策和其他综合性政策构成的系统，因此，通用性政策数量远远多于专门性政策。

由图 3 可以看出，通用型政策数量曲线整体普遍高于专门型政策曲线，且通用型政策曲线的变化幅度明显大于专门型政策曲线，而专门型政策曲线变化趋势相对平缓，在 1987 年和 1991 年出台的通用型政策数量与专门型政策数量相同，2020 年专门型政策曲线高于通用型政策曲线，说明国家越来越重视体育教师的教育培训等问题。可以看出：2020 年之前我国体育教师教育通用型政策的颁发数量要明显多于专门型政策；通用型政策颁布最多的一年是 2011 年，数量多达 1 项，而专门型政策颁布最多的一年是 2020 年，数量为 4 部；从政策数量的变化走势来看，我国体育教师教育通用型政策在 1997 年至 1999 年期间及 2009 年至 2011 年期间增长幅度最大，1997 年至 1999 年间总共颁布 27 项通用型政策，占通用型政策总数的 12.3%；2009 年至 2011 年间总共颁布 39 项通用型政策，占通用型政策的 13.4%；而在其他时间段，政策数量变化趋于平稳；专门型政策的数量变化则表现为间歇性变化特点，平均 3 年颁发 1~2 项政策，虽然比起通用型政策数量变化幅度几乎为直线，但从改革开放初期就有专门型政策的颁布，说明国家在一开始就认识到体育教师教育在国家体育教育发展中的重要性，而通用型政策多于专门型政策又服务于体育教师教育专门型政策，这为体育教师教育的更好更全面的发展奠定了坚实的政策理论基础。

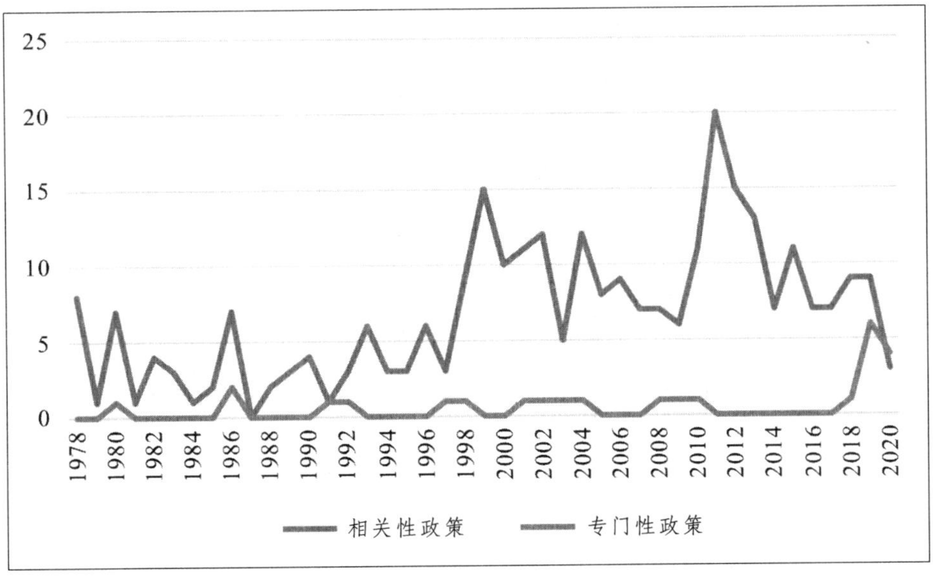

图 3 体育教师教育专门型政策和通用型政策数量曲线图

三、政策文本类型的数量

在本书所涉及的315份政策文本中，文本类型大致有法律、规程、通知、意见、决定、计划、规划、办法、条例、方案、纲要等几种形式，具体分布情况如下：

由图4可知，国家颁布的有关体育教师教学的政策文本类型以“意见”和“通知”类为主，总共占总政策数量的58.41%，其中“意见”占比最多，达总政策数的31.43%。“意见”通常是指政府机关对重要问题提出的见解和处理办法，也多是对体育教师教育的相关发展规划或者直接针对某一具体领域做出的相关规定的补充性说明，因此以“意见”这种文本类型出现的政策最多。例如，《教育部关于大力办好高等师范专科学校的意见》就可以看作是对体育教师师范教育发展的相关规定。而“通知”多用于上级机关指示下级机关如何开展工作，一般由上级权威机关对下级机关，也可以是平行机关，用来下达指令，安排工作，传达有关事项，传达领导意见或决定具体问题，具有广泛的应用范围，因此在体育教师在教育政策中，以“通知”类型下达的文件也较多。“法律”政策则是保障和促进体育教师教育发展，在政策文本中以“法律”等名称出现的政策相对不多，约占总数的3.17%，都是政府对教育、教师、体育的法律政策，这说明我国有关体育教师教育是以政府的意志为中心，在教育、教师和体育的法律保障中摸索发展。

表2 体育教师教育政策文本类型统计

文本类型	数量	百分比	文本类型	数量	百分比
意见	99	31.43%	条例	7	2.22%
通知	85	26.98%	标准	7	2.22%
计划	34	10.79%	纪要	6	1.90%
办法	12	3.81%	规范	5	1.59%
纲要	12	3.81%	规定	4	1.27%
规划	10	3.17%	规程	2	0.63%
方案	10	3.17%	报告	2	0.63%
法律	10	3.17%	细则	1	0.32%
决定	9	2.86%	17种	315	100.00%

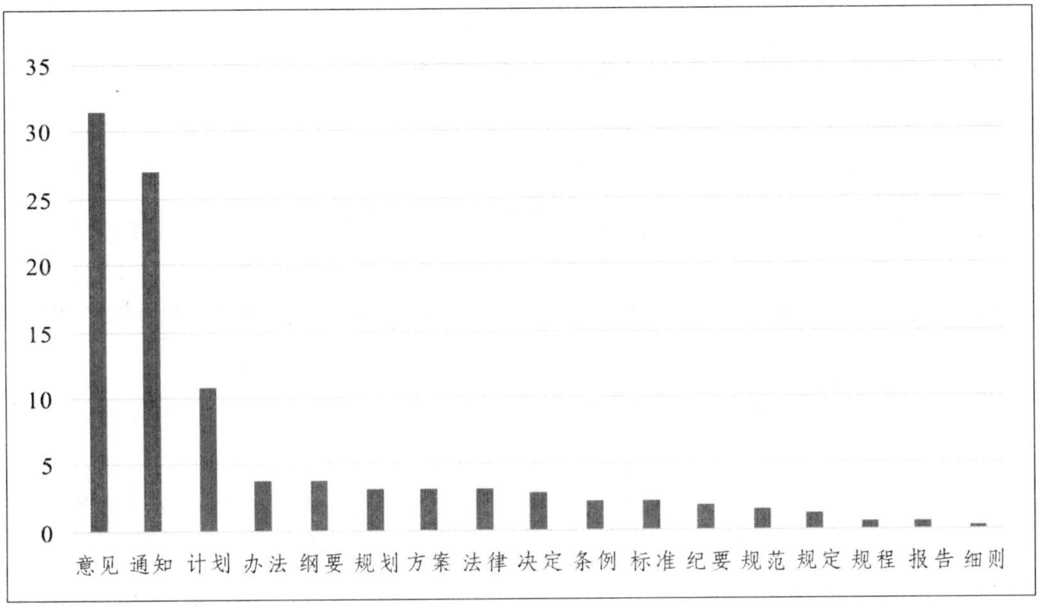

图 4　体育教师教育政策文本类型数量柱状图

第三节　制订政策主体的构成

一、单独制订政策的主体构成与权威性的关系

由表 3 可知各单独制订政策主体构成和联合制订政策主体颁布政策数量的分布情况，除去国务院转发、国务院办公厅转发、教育部(原国家教委)办公厅转发和联合发布的主体外，单独制订颁布过体育教师教育相关政策的主体部门有 9 个，共颁布 225 项政策，为方便下文表述，将单独制订颁布过体育教师教育政策的主体简称为“单主体”，那么联合制订颁布的主体部门，简称为“多主体”。

其中“单主体”包括教育部(原国家教委)、教育部(原国家教委)办公厅、全国人大常务委员会、国家体育总局(国家体委)、教育部师范教育司、国务院、教育部高等教育司、中共中央、国家中长期教育改革和发展规划纲要工作小组办公室。国家教育委员会作为国家教育管理行政机构，于 1998 年更名为中华人民共和国教育部，所以在文中原国家教委和教育部表示为同一个发布主体，教育部办公厅与原国家教委办公厅表示为同一个发布主体；国家体育运动委员会简称国家体委，是国务院主管全国体育工作的职能部门，在 1998 年改名为国家体育总局，所以在文中国家体育总局与国家体委表示为同一个发布主体，另外教育部高等教育司和教育部师范教育司隶属于教育部，因此在下文的分析中将其颁布的政策数量归加为教育部颁布的政策数量。

因为每个主体部门的权威性又有差别，因此根据主体部门的权威性将政策制订的主体部门分为三个不同的权威级别，第一个权威级别为中共中央和全国人大常委会，第二个权威级别为国务院，第三个权威级别为国务院各部委及直属机构。

根据上述 9 个政策制订主体部门的权威性，将其分为第一个层次：中共中央和全国人大常委会；第二个层次：国务院；第三个层次：教育部(原国家教委)、教育部(原国家教委)办公厅、国家体育总局(国家体委)、教育部师范教育司、教育部高等教育司、国家中长期教育改革和发展规划纲要工作小组办公室。

由表 4 可以得出：由第一权威级别中共中央、全国人大常委会颁布的政策数为 12 项，政策数量数占总政策数的 3.81%，占单主体颁布总量的 5.33%；由第二权威级别国务院权威机关颁布实施的政策数量为 21 项，占单主体颁布政策总数的 9.33%，占政策总数的 6.67%；由教育部、国家体育总局、教育部师范司等权威机关制订颁布的政策数量最多，为 282 项，占单主体颁布政策总数的 85.34%，占政策总数的 89.52%。由此可见，处于第三权威层次主体颁布的政策数量最多，处于权威层次最高的主体颁布的政策数量则最少。

表 3 单独制订或批(转)发政策的主体构成与颁布数量的统计表

颁布主体	年份																						
	78 (99)	79 (00)	80 (01)	81 (02)	82 (03)	83 (04)	84 (05)	85 (06)	86 (07)	87 (08)	88 (09)	89 (10)	90 (11)	91 (12)	92 (13)	93 (14)	94 (15)	95 (16)	96 (17)	97 (18)	98 (19)	(20)	总计
教育部(原国家教委)	4(9)	(5)	7(9)	(8)	2(3)	3(7)	(7)	1(2)	7(2)	(6)	2(5)	3(5)	2(13)	2(3)	2(6)	3(5)	1(1)	(3)	4(3)	3(4)	3(2)	--	157
联合发布	1(1)	1(3)	1	1(1)	(3)	(2)	1	(4)	1(4)	(1)	(1)	(1)	(5)	(10)	1(7)	1(2)	(4)	(2)	(3)	1(6)	1(6)	(3)	79
教育部(原国家教委)办公厅	(2)	--	(2)	--	--	(1)	--	(1)	(1)	--	(1)	(3)	1	(1)	--	--	1	--	--	--	2	(1)	17
国务院	--	--	(1)	(2)	--	(1)	--	--	--	--	--	(2)	--	(1)	--	--	1(3)	1(1)	(1)	--	--	--	14
全国人大常务委员会	--	--	--	--	1	--	--	(1)	1	--	--	--	--	--	--	1	(3)	2	1	--	1	--	11
国家体育总局(国家体委)	1(1)	(1)	--	(1)	--	--	--	(1)	--	--	--	--	1	--	--	1	--	(1)	--	--	(3)	(3)	8
教育部师范教育司	(1)	(1)	--	(1)	--	(1)	--	--	--	--	--	--	--	--	--	--	--	--	--	--	3	--	7
国务院批(转)发	2(1)	--	--	--	1	--	--	--	--	--	--	--	--	--	--	1	--	--	--	--	--	--	5
教育部(原国家教委)办公厅转发	--	--	--	--	--	(1)	(1)	--	--	(1)	--	--	--	--	--	--	--	--	--	--	--	(1)	4
教育部高等教育司	--	--	--	--	--	--	--	--	--	--	--	--	(2)	--	--	--	--	--	--	--	--	--	2
国务院办公厅转发	--	--	--	--	--	--	--	--	--	--	--	--	--	--	--	--	--	--	1	--	--	1	2
中共中央	--	--	--	--	--	--	--	1	--	--	--	--	--	--	--	--	--	--	--	--	--	(1)	1
国家中长期教育改革和发展规划纲要工作小组办公室	--	--	--	--	--	--	--	--	--	--	--	(1)	--	--	--	--	--	--	--	--	--	--	1
合计	23	11	20	14	10	16	9	11	16	8	9	15	24	17	17	13	14	10	13	14	13	10	315

表 4 政策制订主体权威层次颁布政策数量表

主体的权威性	数量	占单主体颁布总量的百分比	占政策总量的百分比
第一权威级别	12	5.33%	3.81%
第二权威级别	21	9.33%	6.67%
第三权威级别	282	85.34%	89.52%
总计	315	100%	100%

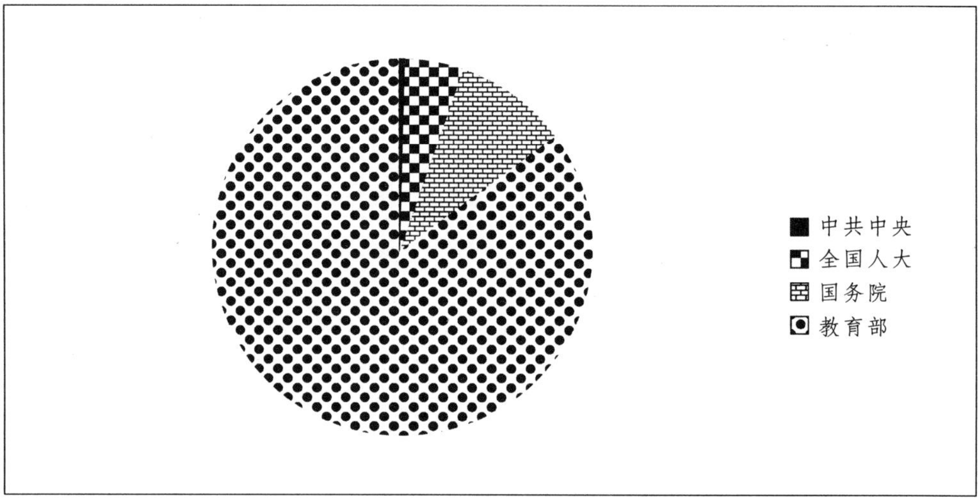

图 5 单独颁布政策主体的颁布政策数量的饼状图

由图 5 可以得出，教育部(原国家教委)颁布的政策数量为 187 项，占单主体颁布政策总数的 85%，占第三权威层次主体颁布政策总数的 66.31%，占政策总数的 59.37%。因此，教育部(原国家教委)制订颁布的政策数量无论是在单主体颁布的政策数量中还是在第三权威层次主体颁布的政策数量中，都占据主导性的优势。综上所述，颁布体育教师教育政策数量最多的主体部门是第三权威层次主体；在第三权威层次主体颁布的政策数量中，教育部(原国家教委)颁布的政策数量最多，因此，处于第三权威层次主体的教育部(原国家教委)在我国制订体育教师教育政策的过程中起到了重要作用。

二、联合颁布政策的主体与颁布政策数量之间的关系

由表 5 和图 6 可知，在我国颁布的体育教师教育政策中，由 79 项政策是由多主体联合颁布的。其中以两个主体联合颁布为主，总共颁布 50 项，占多主体联合颁布数量的 63.29，占总政策量的 15.87%；由三个主体颁布的政策有 10 个，占多主体颁布量的

表 5　联合颁布政策的主体数量表

主体数量(个)	颁布政策数量(项)	占多主体颁布总数的百分比(%)
2 个主体	50	63.29%
3 个主体	10	12.66%
4 个主体	7	8.86%
5 个主体	8	10.13%
6 个主体	2	2.53%
7 个主体	1	1.27%
10 个主体	1	1.27%
合计	79	100%

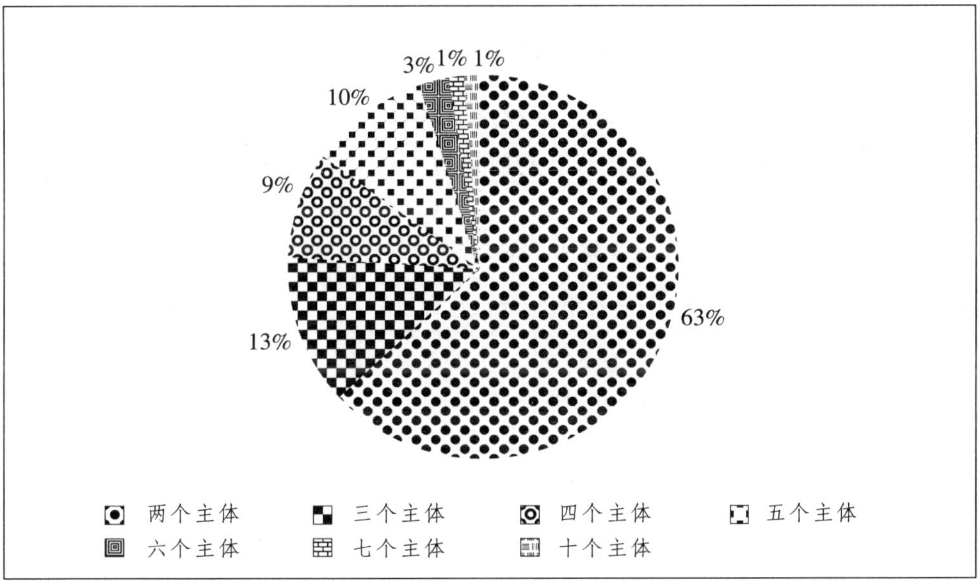

图 6　单、多主体颁布政策数量的饼状图

12.66%，占政策总量的 3.17%；由四个主体联合颁布的政策量有 7 个，占多主体颁布量的 8.86%，占总政策颁布量的 2.22%；由五个权威主体联合颁布的政策有 8 个，占多主体颁布量的 10.13%，占总颁布量的 2.54%；由 6 个、7 个和 10 个颁布主体颁布的政策数量分别为 2 项、1 项和 1 项，分别占多主体颁布数量的 2.53%、1.27%和 1.27%，分别占总颁布数量的 0.63%、0.32%和 0.32%。由此可见，2 个权威主体联合制订颁发的体育教师教育政策是多主体联合颁发政策的主流，2 个以上的多主体联合颁发的体育教师教育政策相对较少。

政策颁布的主体有以下规律：第一，颁布我国体育教师教育政策的权威主体分布比较广泛，如：《关于加强高等学校青年教师队伍建设的意见》由教育部、中央组织部、中央宣传部、发改委、财政部、人社部等6个权威主体联合颁布,《教师教育振兴行动计划(2018—2022年)》由教育部、发改委、财政部、人社部、中央编办等5个权威主体联合颁布,可见颁布主体涉及之广泛。第二,多个权威主体中教育部与财务部相互协调工作最为密切,在多主体联合颁布的体育教师教育政策中出现的频数最多。以2个主体权威联合颁发的政策为例,共筛选出20项由教育部与财务部联合颁发的政策。第三,在2003年之后,由3个以上权威主体联合颁布的体育教师教育政策的数量有所增加,且在2012年3个以上的权威主体联合制订颁布的政策数量达到8项之多,占3个以上的权威主体联合制订颁布的政策总数的27.59%,也就是说在2012年是3个以上多主体联名合作的高峰时期。

三、单主体、多主体之间的关系

(一)参与政策颁布的主体构成情况

由于制订我国体育教师教育政策的权威主体都与教育部有直接或间接的关系,故本文对参与政策制订颁布部门的构成和频次进行统计见表6所列。

表6　各主体部门颁发政策出现频数统计表

主体部门	频次	百分比(%)	主体部门	频次	百分比
教育部	269	59.51%	全国教育工会	2	0.44%
财政部	47	10.40%	民政部	1	0.22%
国务院	35	7.74%	劳动保障部	1	0.22%
国家体育总局	25	5.53%	建设部	1	0.22%
全国人大常委会	11	2.43%	国务院妇儿工委	1	0.22%
中央编办	10	2.21%	全国妇联	1	0.22%
人社部	10	2.21%	国务院西部开发办	1	0.22%
中共中央	7	1.55%	司法部	1	0.22%
国家计委	4	0.88%	新闻出版广电总局	2	0.44%
人事部(劳动人事部)	4	0.88%	中共兵团党委	1	0.22%
卫生部	2	0.44%	兵团	1	0.22%
国家民委	2	0.44%	中央宣传部	1	0.22%
中央组织部	2	0.44%	共青团中央	2	0.44%
国务院学位委员会	2	0.44%	中共教育部党组	1	0.22%
中国教科文卫体工会	2	0.44%	国家中长期教育改革和发展规划纲要工作小组办公室	1	0.22%
国家发展改革委	1	0.22%			
总计	452	100%			
			中国足协	1	0.22%

目前参与我国体育教师教育政策制订的主体部门共有 32 个，其中有 26 个主体部门和教育部联合制订过体育教师教育政策。

由表 6 可知：在制订颁发体育教师教育政策的权威主体中，教育部出现的频次高达 269 次，占总频次的 59.51%，可见教育部在制订颁布体育教师教育政策的过程中起到重要的作用；另外出现频次超过 10 次的有 6 个部门，分别是财政部、国务院、国家体育总局、全国人大常委会、中央编办和人社部，分别占总频次的 10.40%、7.74%、5.53%、2.43%、2.21%和 2.21%，可见政府的引导支持、国家财务的投入与保障、体育总局的不断推动等都为推动我国体育教师教育发展起到不可忽视的作用。

(二)单、多主体颁发政策的通用型

整理后发现，颁布主体与政策的通用型也存在着一定的联系。由图 7 可知，我国多主体颁发 76 项通用型政策，占通用型政策总数的 26.12%，占多主体的 100%；在单主体颁布的 235 项政策中，有 20 项为专门型政策，占单主体的 8.51%，占专门型政策的 100%，有 215 项为通用型政策，占单主体的 91.49%，占通用型政策总数的 73.88%。我国多主体颁发的政策全部为通用型政策，通用型政策全由单主体颁发，我国单主体颁发的通用型政策所占的比例明显高于单主体颁发的专门型政策，所以单主体是我国颁发体育教师教育通用型政策的主要部门。

在专门型政策方面，部门单独颁发的 15 项政策的内容主要集中在高等学校体育教育专业课程培养、体育教师国家级培训方面。

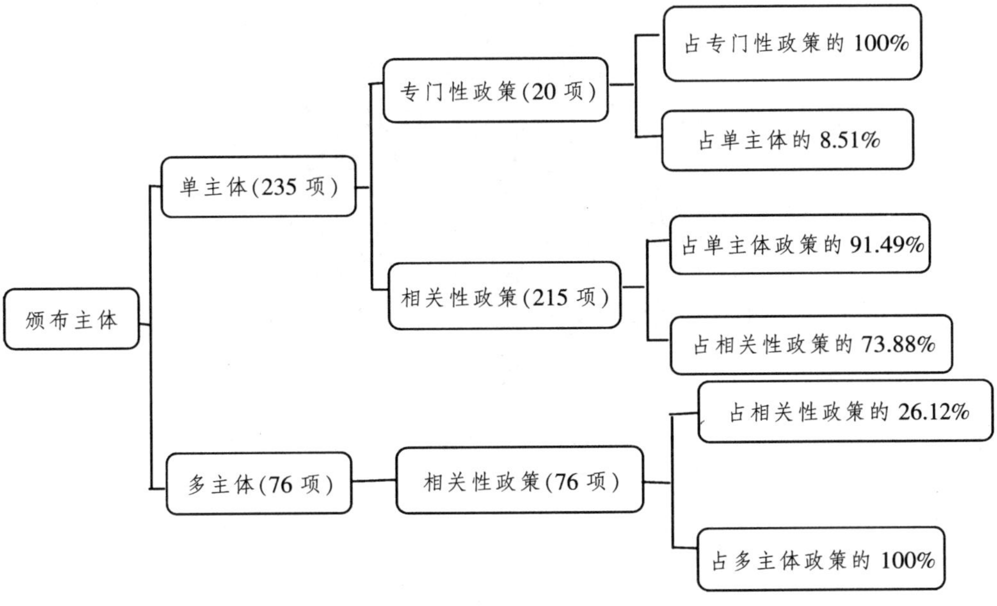

图 7　颁布主体与政策通用型的关系图

在通用型政策方面，部门联合颁布的政策占通用型政策总数的26.12%，而这76项政策的内容主要集中在体育教师师范培养和体育教师在职进修方面；部门单独颁发的215项政策的内容主要集中在体育教师师范培养、体育教师在职进修和体育教育改革与发展规划方面，颁布主体以教育部为主。

另外，值得我们注意的是，在颁发的专门型政策中，无一项是联合部门颁发的，全都由教育部颁发或教育部办公厅颁发，政策内容也较为具体，表现出了较强的针对性。

第四节　政策主题分布

体育教师教育政策文本的主旨与目的可以通过政策主题来体现，在对315份体育教师教育政策文件主旨与内容的分析后发现，这些政策针对体育教师教育领域所涉及的主题范围非常广泛，几乎涵盖体育教师教育的方方面面。为了便于归纳分析，笔者将我国现有的体育教师教育政策主题整理为七大类，分别为体育教师培养与进修、改革与发展规划、体育教师队伍管理、综合性政策、体育教师资格与规范、法律法规条例、体育教师教育基地建设。

通过图8可知，在所整理归纳的七大类政策文本主题中，体育教师培养与 进修主题的政策数量最多，为161份，占政策总数的51.11%；其次是以改革与发展规划主题的政策类型，有55份，约占政策总数的17.46%；以体育教师队伍管理、体育教师资格与规范

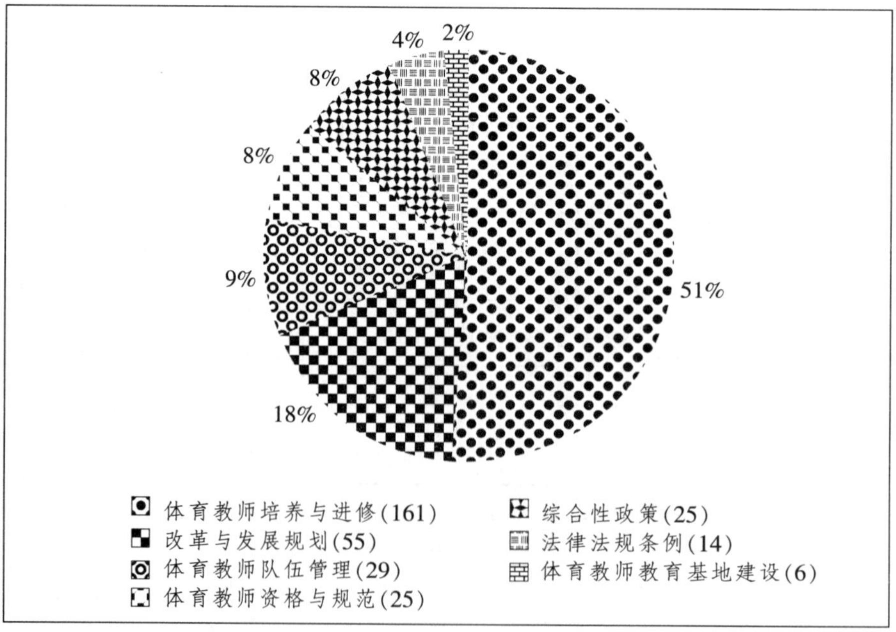

图8　政策主题分布饼状图

和综合性政策为主题的政策为中等数量，分别为 29 项、25 项和 25 项，分别占政策总数的 9.21%、7.94%和 7.94%；以体育教师教育基地建设主题政策数量最少，仅有 6 份，占政策总数的 1.90%。

一、政策主题年度分布情况

为方便对我国体育教师教育政策主题的年度分布情况和发展趋势情况进行分析，笔者根据各政策主题的年度数量情况，绘制图表如下：

由图 9 可知，在 1978 年改革开放初期有关我国体育教师教育的政策就已经出现，在 1995 年之前，我国体育教师教育政策主题为体育教师培养与进修的政策数量明显偏多，其他主题政策曲线变化幅度平缓，颁布的数量较少。体育教师培养与进修主题政策在 1978 年为 7 项，1980 年为 8 项，1986 年为 6 项，这说明在改革开放初期国家刚刚恢复教育事业，师资力量薄弱，急需体育人才，对体育教师的培养和在职教师的教育进修方面较为重视；在 1982 年出现以体育教师教育基地建设为主题的政策，如国务院批转教育部关于《加强教育学院建设若干问题的暂行规定》的通知，文中强调要加强教育培训基地建

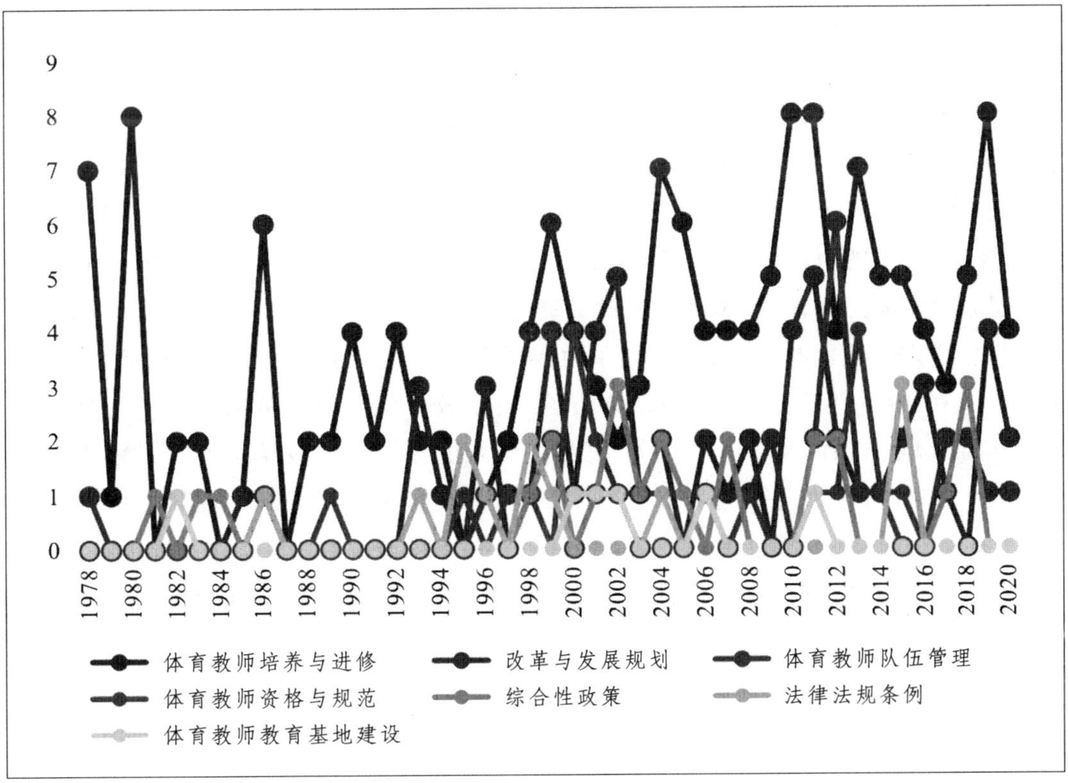

图 9　政策主题年度曲线图

设，各省、自治区、市要积极主动办好教育学院，可见国家对体育教师教育的重视；随后，进一步推进了我国体育教师教育事业，以1993年《中国教育改革和发展纲要》和《关于深化体育改革的意见》为界限，体育教师教育领域的政策调控在政策主题的数量上和范围上都开始不断增多和扩张。

在政策主题颁布的数量中，以体育教师培养与进修为主题颁布的政策数量最多，1978年为7项，1980年为8项，1986年为6项，这说明在改革开放初期国家刚刚恢复教育事业，急需体育人才，对体育教师的培养和在职教师的教育进修方面较为重视，在1995年之后以体育教师培养与进修为主题颁布的政策年度数量基本上维持在4项以上，这说明国家在体育教师教育发展的过程能中能够抓住体育教师教育的关键，要保证教师师范培养和在职教师的继续教育才能更好地促进体育教师教育的不断优化、结构完善和体系构建，从而建设好国家的体育教育事业，建设体育强国。

二、主题与主体交互关系

通过分析政策的主题类型与政策颁布部门之间的相互关系，可以得出我国体育教师教育政策颁布内容的侧重点及政策特点，见表7所列。

由表7可知，教育部颁发的政策涉及以体育教师教育政策为主题的各个方面；国务院和各部门联合颁发的政策都涉及体育教师教育政策的6类主题，占政策主题数的85.71%，除了体育教师基地建设主题外，其他主题都有涉及，而且国务院在以改革与发展规划为主题方面颁发的政策数量相比较其他主题而言明显偏多；全国人大常务委员会制订的政策主题都以法律法规条例为主，而并未涉及其他主题，可见其具有权威的职能效益；国家体育总局颁布的政策主题不仅涉及有宏观层面的体育改革与发展规划，还涉及微观层面的体育教师培养进修和体育教师资格规范方面。

另外特别说明的是，中共中央也单独或联合制订颁布了我国体育教师教育政策，中共中央在1985年5月27日制订颁布了《关于教育体制改革的决定》，在此之后都是与国务院联合制订颁布的。例如，1999年《关于深化教育改革全面推进素质教育的决定》、2019年《加快推进教育现代化实施方案（2018—2022年）》都是由中共中央、国务院联合发文，其涉及的主题主要是改革与发展规划方面，说明在1985年之后国家的教育改革与发展规划都是由中共中央与国务院这两个权利机关进行宏观政策引导的。

表 7　政策主题与政策颁布主体之间的交互关系

政策主题	颁布主体						
	体育教师培养与进修	改革与发展规划	体育教师队伍管理	体育教师资格与规范	综合性政策	法律法规条例	体育教师教育基地建设
教育部	☑	☑	☑	☑	☑	☑	☑
联合发布	☑	☑	☑	☑	☑	☑	
教育部办公厅	☑		☑		☑		☑
国务院	☑	☑	☑	☑	☑	☑	
全国人大常务委员会						☑	
国家体育总局	☑	☑		☑			
教育部师范教育司	☑			☑	☑		
国务院批(转)发	☑	☑	☑				☑
教育部办公厅转发	☑	☑					
教育部高等教育司	☑						
国务院办公厅转发		☑					
中共中央		☑					
国家中长期教育改革和发展规划纲要工作小组办公室		☑					

第五节　小结

通过对改革开放以来我国体育教师教育政策文本进行系统的分析，总结出以下结论：

一、我国体育教师教育政策数量的特征

从政策年度颁布数量来看，每年都有数量上的变化，在 2011 年之前整体呈现连续的波动式增长，之后迅速减少，2011 年为政策颁布数量的最高峰，根据数量整体增长和减少的特点，政策数量变化呈四个阶段：1978 年至 1986 年政策数量不稳定阶段；1987 年至 1999 年政策数量缓慢增长阶段；2000 年至 2011 年政策数量前期平稳后期快速增长阶段；2012 年至 2020 年政策数量相对减少阶段。同时，我国体育教师教育通用型政策数量明显多于专门型政策，且我国体育教师教育政策以“通知”和“意见”这两种文本类型为主。

二、我国体育教师教育政策主体的特征

参与制订颁发的我国体育教师教育政策的权威主体高达32个；政策文本制订颁发结构以精准型的第三权威主体部门为主，第一、二权威主体部门为辅，即教育部单独制订颁发或参与联合制订颁发的政策数量最多；在联合制订颁布政策中，教育部与财务部合作密切。我国体育教师教育政策制订颁发主体的权威性与相互协作说明了体育教师教育领域的复杂性与综合性，它需要全国人大、中共中央国务院等在改革发展方面进行宏观的整体部署，教育部进行主要的组织实施，其他各部门进行相关的协调配合来实现不断地发展和不断完善。

三、我国体育教师教育政策主题的特征

目前，体育教师教育政策主要分布于体育教师培养与进修为主题的范围内，占政策总数的51.11%；国务院和各部门联合颁发的政策涉及的主题较为广泛；政策主题在1993年之后开始丰富起来且政策呈现出较为明显的历史发展特点；而自改革开放以来有关体育教师教育基地建设的政策仅为6项，与教师培养与进修的有关政策数量形成鲜明的对比，因此应加强体育教师教育基地的建设以保障和激励体育教师教育更好的发展。

四、我国体育教师教育政策整体发展的特征

综合各个方面，在历史潮流的推动下，我国体育教师教育政策在不断加强与完善，体系也越来越成熟；从以单主体部门为主向多部门协作发展；从体育师范院校对体育教师的培养向体育教师教育的适应性过渡；从依附于体育教师教育的发展，到针对体育教师教育多方面的专业发展。

第四章

我国体育教师教育政策的时代特征

第一节　时代特征分析框架的确立

政策工具是政策研究中的重要组成部分,从出现至今已经有了将近70年的历史。构建科学又合理的分析框架,是使用政策工具进行分析的前提。在对比多种政策分析工具发现,罗斯威尔(Rohewell)和塞戈费尔德(Zegveld)的政策工具有着操作便利、分类具体的特点,并在许多相关政策文本的分析中广泛使用,可行性也得到了充分的验证。对此,本文选用罗斯威尔(Rohewell)和塞戈费尔德(Zegveld)的政策工具理论来进行分析框架的构建,在确保适用、科学、可行性的基础上,构建一个拥有X维度——体育教师教育政策工具维度和Y维度——体育教师教育政策的发展维度的二维分析框架。

一、X维度:体育教师教育政策工具维度

政策工具的使用是政府解决社会问题的重要手段之一,我国的体育教师教育政策在政府推进体育教师教育事业发展和完善的过程中起着决定性的作用。基于罗斯威尔(Rohewell)和塞戈费尔德(Zegveld)的思想,将体育教师教育政策体系涉及的基本政策工具划分为供给、环境和需求三种类型的X维度。如图10所示,供给型政策工具对体育教师教育事业的发展起到推动作用,需求型政策工具起到拉动作用,而环境型政策工具则起到间接影响的作用。

其中,供给型工具主要指政府对体育教师教育的资金、科技、人才的投入,场地设施的提供等,具体分为:教育的资金投入、教育培训的科技和人才提供、教育的场地设施建设、体育教师的保障服务和体育公共服务。环境型工具的效果一般不会直接体现,具体分为:目标规划和策略措施。需求型政策工具主要指政府对体育教师教育的关注和扶持,主要分为:国际交流、教育服务的外包和教育的技术采购。

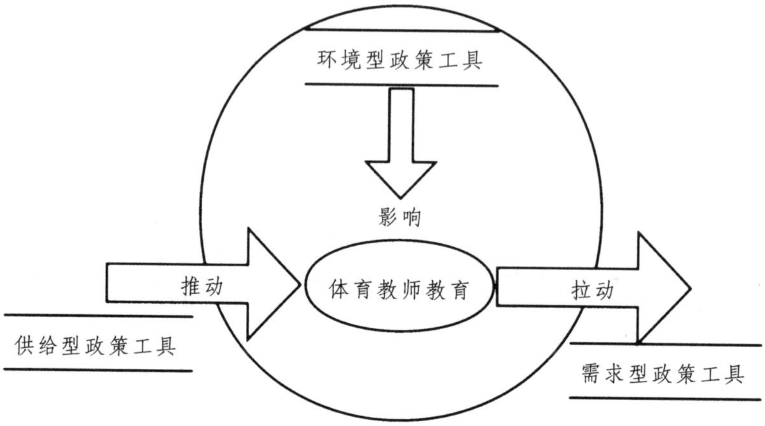

图 10　政策工具对体育教师教育事业影响的示意图

二、Y 维度：体育教师教育政策的发展维度

体育教师的质量决定着体育教育的质量，他们在国家发展的道路上扮演着至关重要的角色。当前，体育教师教育政策的研究已经成为世界体育教师教育研究的十大热点之一，这在政策上必定会有所体现。考虑到体育教师教育政策背后所掺杂的一系列复杂因素，单一的 X 维度并不能很好地体现和表达出体育教师教育政策的所有特征。从体育教师教育政策的作用领域出发，对体育教师教育的内容体系来看，其基本包含了队伍管理、培养与进修、法律法规、改革与发展规划、教育基地建设、资格与规范。因此，本研究将影响体育教师教育政策的因素归纳为：体育教师得到队伍管理、体育教师的培养与进修、体育教师的法律法规、体育教师资格与发展规划、体育教师教育基地建设五个方面。

三、二维分析框架的构建

基于 X 维度（体育教师教育政策工具维度）和 Y 维度（体育教师教育政策的发展维度）体育教师教育政策的二维分析框架如下：

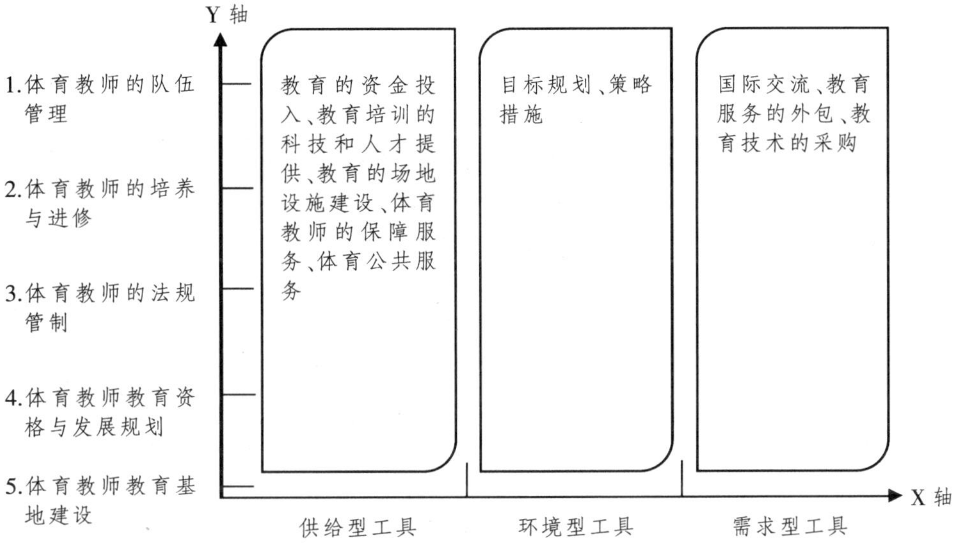

图 11　体育教师教育政策二维分析框架图

第二节　体育教师教育政策内容的编码

一、政策文本的选择

在各大政府官网、书籍报刊和各大图书馆收集资料，为保证政策的权威性与有效性，并考虑到地方政策通常是对中央政策的延续，所以按照仅限于国家层面，如全国人大、中共中央、国务院以及各部委等单独或联合颁布的各种体育教师教育政策进行整理与删选得到改革开放至 2020 年的相关政策文献共 315 篇，其中 1978—2012 年的相关政策 238 篇，2012 年至今以来的相关政策 77 篇。经过多次反复讨论，在确保所选取的政策文本的权威性相似的前提下，最终分别在两个时期中各选出 7 篇体育教师教育政策作为分析样本，进行政策工具的时代特征对比分析。详细政策文本选取情况见表 8 所列。

二、政策文本内容的单元编码

分析单元是指对政策文本进行编码时，实际计量的最小单位，它是对政策文本进行分析研究中的重点。为了系统地分析和解读庞大又复杂的政策文本资料，需要考

表 8　本研究的体育教师教育政策文本选取情况

序号	发布日期	发布单位	政策名称
1	1978 年	国务院	《关于加强中小学教师队伍管理工作的意见的通知》
2	1985 年	中共中央	《关于教育体制改革的决定》
3	1986 年	原国家教委	《关于加强中、小学体育师资队伍建设的意见》
4	1995 年	国务院	《教师资格条例》
5	1999 年	中共中央、国务院	《关于深化教育改革全面推进素质教育的决定》
6	1999 年	教育部	《关于新时期加强高等学校教师队伍建设的意见》
7	2008 年	教育部	《关于组织实施西部初中骨干体育教师国家级培训的通知》
8	2013 年	教育部	《关于深化中小学教师培训模式改革全面提升培训质量的指导意见》
9	2013 年	教育部	《关于全面加强教师法制教育工作的通知》
10	2015 年	国务院	《关于加快发展民族教育的决定》
11	2016 年	国务院	《关于强化学校体育促进学生身心健康全面发展的意见》
12	2018 年	中共中央、国务院	《关于全面深化新时代教师队伍建设改革的意见》
13	2019 年	中共中央、国务院	《中国教育现代化 2035》
14	2020 年	中共中央	《关于全面加强和改进新时代学校体育工作的意见》

虑分析单元与制订的分析框架是否有内在的联系。研究认为,政策文本的具体条款可以完整地反映政策目标与手段,对此,本研究选取能准确反映政策工具真实含义的句子作为分析单元,当遇到某一段落采用不同政策工具时,则选择将其拆分,并分别进行编码。

分析单元的编码是指将政策文本的分析单元按照一定的原则与顺序进行标记,将政策文本资料化繁为简,为后续的检索与提取提供便利。本研究采用内容分析法,在对选取的 14 篇体育教师教育政策认真研读的基础上,按照“政策序号–内容分析单元的顺序”的方式,并借助 Nvivo12.0 软件进行编码处理,并按照上文所制订的二维分析框架将编码进行归类。通过对不同维度和不同工具类型的使用情况进行对比分析,便可以发现我国体育教师教育政策工具运用的时代特征、变化趋势和体育教师教育发展要素政策工具的运用情况。详细编码示例见表 9。

表 9 本研究体育教师教育政策内容分析单元编码表

序号	政策名称	内容分析单元	编码
1	《关于加强中小学教师队伍管理工作的意见的通知》	努力建设一支又红又专的教师队伍，以适应把我国建设成为伟大的社会主义现代化强国的需要	1–1
		一、中小学公办教师的管理、调配工作，应由县以上各级教育行政部门负责。教师的调动，需经县以上教育行政部门同意	1–2
		二、高师、中师毕业生应全部分到教育战线工作……共同制订，派遣工作由教育部门负责	1–3
		四、各级行政部门不应占用教育事业编制……已借调的教师，应一律回学校工作……教育部门停发工资	1–4
		五、加强对民办教师的管理。选用民办教师……县教育行政部门审查(包括文化考查)批准……并收回任用证书	1–5
……	……	……	……
14	《关于全面加强和改进新时代学校体育工作的意见》	9.配齐配强体育教师。各地要加大力度配齐中小学体育教师，未配齐的地区应每年划出一定比例用于招聘体育教师	14–1
		通过"国培计划"等加大对农村体育教师的培训力度	14–2
		支持高等师范院校与优质中小学建立协同培训基地	14–3
		支持体育教师海外研修访学	14–4
		推进高校体育教育专业人才培养模式改革	14–5
		推进地方政府、高校、中小学协同育人，建设一批试点学校和教育基地	14–6
		明确高校高职体育专业和高校高水平运动队专业教师、教练员配备最低标准，不达标的高校原则上不得开办相关专业	14–7
		13.完善体育教师岗位评价	14–8
		完善体育教师职称评聘标准，确保体育教师在职务职称晋升、教学科研成果评定等方面，与其他学科教师享受同等待遇	14–9
		提升体育教师科研能力，在全国教育科学规划课题……研究并逐步完善学校教练员岗位评价	14–10
		15.加强组织领导和经费保障	14–11

第三节 体育教师教育政策时代特征分析

一、体育教师教育政策 X 维度的对比分析

政策工具的使用情况可以很好地反映出政府在选择政策工具时的喜好。通过对编码进行整理，新时期和新时代以来的体育教师教育政策 X 维度工具分布结果如表 10、表 11 所列和图 12、图 13 所示。无论是在哪一阶段，我国体育教师教育政策都兼顾了供给、环境和需求型政策工具的运用，这可以从不同方面来促进我国体育教师教育事业的发展。在其他政策工具的使用情况中，供给型工具的所占比例分别达到 30.30%和 36.77%，仅次于环境型工具；而需求型工具的所占比例仅为 7.58%和 10.29%，位于三种政策工具使用情况中的最后一位。

1978 年至 2012 年，不同政策工具内部的工具使用情况中，“策略措施”工具以总数的 36.36%位居第一，“目标规划”和“体育教师的保障服务”工具分别以 25.76%和 16.66%位居二、三位，其中“体育公共服务”和“教育技术的采购”工具没有出现，“教育培训的科技和人才提供”工具仅出现一次，为总数的 1.52%。2012 年以来不同政策工具内部的工具使用情况较过去发生较大的变化。“目标规划”工具占总数 27.94%成为使用最多的工具，“策略措施”和“体育教师的保障服务”则以 25%和 22.06%位居二、三位，这时仅有“教育服务的外包”工具没有被使用过，“教育培训的科技和人才提供方”工具依旧只出现一次，仅占总数的 1.47%。

（一）对供给型工具的运用不断重视，且更偏向提供保障服务

通过表 10 和图 11 中不难看出，1978—2012 年体育教师教育政策供给型工具内部存在使用失衡的情况。其中，“体育教师的保障服务”在供给型工具中的使用频率最高，达 11 次，所占比例高达 55%。“教育的资金投入”工具位居第二位，使用了 6 次，占总数的 30%。“教育的场地设施建设”和“教育培训的科技和人才提供”工具分别使用了 2 次和 1 次，仅占总数的 10%和 5%。而“体育公共服务”工具在这期间却处于空白状态。通过表 4 和图 4，尽管 2012 年以来体育教师教育政策供给型工具内部每个工具都已有所使用，但其更偏向对“体育教师的保障服务”工具的使用，使用次数高达 15 次，占总数的 60%，“教育的资金投入”“教育的场地设施建设”“体育公共服务”和“教育培训的科技和人才提供”工具各使用了 4、3、2、1 次，分别占总数的 16%、12%、8%、4%。

表 10　新时期体育教师教育政策 X 维度政策工具分布表

政策工具类型	政策工具名称	体育教师教育政策编号	数量	百分比	
供给型工具	教育的资金投入	2-2;2-6;3-13;3-16;6-10;7-4	6	9.09%	30.30%
	教育培训的科技和人才提供	2-4	1	1.52%	
	教育的场地设施建设	3-15;2-7	2	3.03%	
	体育教师的保障服务	1-4;3-20;6-2;6-5;6-9;6-11;6-12;6-14;6-21;6-22;6-23	11	16.66%	
	体育公共服务	N/A	0		
环境型工具	目标规划	1-1;3-1;3-2;3-3;3-5;3-8;3-10;3-11;3-12;3-19;5-1;5-3;6-1;6-3;6-17;6-26;7-1	17	25.76%	62.12%
	策略措施	1-2;1-3;1-5;2-1;2-3;2-5;3-4;3-6;3-7;3-14;4-1;5-2;6-4;6-6;6-7;6-8;6-15;6-16;6-18;6-19;6-20;6-24;6-25;7-2	24	36.36%	
需求型工具	国际交流	3-17;6-13	2	3.03%	7.58%
	教育服务的外包	3-9;3-18;7-3	3	4.55%	
	教育技术的采购	N/A	0		
	合计		66	100%	

从整体上来看,2012 年以来我国体育教师教育政策中的供给型工具使用率比 2012 年以前高了 6.47%,其增长率也是三种政策工具中最高的,这使得政府在对供给型工具的使用更为合理。并且对内部工具的使用也发生了一定的变化:

"体育教师的保障服务"工具的使用并没有减少,反而进一步提升。在党和政府的领导下,我国的经济和人民的生活条件得到不断发展,新时代人民群众的需要已经从"物质文化需要"发展到"美好生活需要",从曾经"落后的社会生产"发展到"不平衡不充分的发展",但尽管如此,我国青少年的体质健康情况依旧不容乐观。教师对教育事业的重要性已不言而喻,体育教师在体育发展中也是十分重要的角色。虽然长期以来政府一直都十分重视体育教师的保障情况,但是其地位和待遇保障等情况却远不及它的重要程度。为进一步更好地解决这个问题,体育教师的保障服务至今仍是当前体育教师教育政策中的重要部分。"体育公共服务"工具作为使用率增加最大的工具,从之前的零使用到现在已有 8%的使用率。公共服务是 21 世纪公共行政和政府改革的核心理念,所以在新时期所

表 11 新时代以来体育教师教育政策 X 维度政策工具分布表

政策工具类型	政策工具名称	体育教师教育政策编号	数量	百分比	
供给型工具	教育的资金投入	9-4;11-8;14-11;12-25	4	5.88%	36.77%
	教育培训的科技和人才提供	8-6	1	1.47%	
	教育的场地设施建设	11-2;14-3;14-6	3	4.41%	
	体育教师的保障服务	8-8;9-3;10-4;11-7;12-2;12-5;12-16;12-20;12-21;12-22;12-23;12-24;13-3;14-1;14-9	15	22.06%	
	体育公共服务	8-7;14-10	2	2.94%	
环境型工具	目标规划	9-2;10-2;10-3;11-5;12-1;12-3;12-4;12-6;12-7;12-9;12-11;12-12;12-13;13-1;13-2;13-6;14-5;14-7;14-8	19	27.94%	52.94%
	策略措施	8-1;8-2;8-3;8-4;9-1;10-1;11-3;11-4;11-6;11-9;12-8;12-14;12-15;12-17;12-18;12-19;14-2	17	25.00%	
	国际交流	12-10;13-5;14-4	3	4.41%	10.29%
需求型工具	教育服务的外包	N/A	0		
	教育技术的采购	8-5;10-5;11-1;13-4	4	5.88%	
	合计		68	100%	

选的政策文本中均没有提到公共服务一词。在我国进入新时代后,对体育教师教育事业的重视进一步加强,公共服务可以更好地保障其发展。另外,“教育的场地设施建设”也从10%增长到12%,如今科技发展的速度之快,许多教育乃至体育相关的现代科技蜂拥而至,为了让体育教育事业得到更好的发展,增强体育教师对现代教育技术的学习与使用和教育的场地设施建设不能停歇。

在供给型工具内部,除了上述三个工具的使用率增加,“教育的资金投入”和“教育培训的科技和人才提供”工具的使用率从分别从30%下降到16%,从5%下降到4%。“教育的资金投入”工具是供给型工具中下降幅度最大的政策工具,在供给型工具使用率整体上升的情况下,该工具的使用量却从6次减少到4次。教育资金的投入是发展体育教师教育事业的关键所在,通常情况下没有足够的资金支持,体育教师教育事业是不能正常的运行和发展的。若想我国的体育教师教育事业得到更好的发展,政府必须加大资金的投入,从多角度、多层次来扩大资金来源,以保证资金对体育教师教育事业的支持。科技和人才是保证体育教师执教能力的重要因素,但是多年来在该方面似乎并没有得到应有的重视。只有强大的科技做支撑,提供更多符合新时代要求的人才来对体育教师进行培训,才能从根本上提升体育教师的执教能力。对此,在今后的体育教师教育事业发展中,政府需要注重对科技和人才的提供。

(二)环境型工具的使用依旧过于频繁

通过表 10 和图 12 发现,新时期体育教师教育政策环境型工具中,"策略措施"工具出现 24 次,占总数 58.54%,略多于"目标规划"工具的 17 次 41.46%的比例。表 4 和图 4 中,新时代以来体育教师教育政策环境型工具中的内部发生了明显的变化,"目标规划"工具以 19 次 52.78%的比例略多于"策略措施"的 17 次 47.22%。

另外从整体来看,环境型工具在三个领域中所占比例最高,这充分表明政府作为权力的行使者,在保证各项任务的完成和平衡各领域的发展方面扮演着至关重要的角色。改革开放以来,环境型政策工具获得较多使用,与我国基本国情相一致。改革开放以来,我国体育教师教育处于探索阶段,导致体育教师教育政策更多地使用了环境型政策工具,环境型政策工具的频繁使用,一方面也说明了我国对体育教师教育工作非常重视,期望通过宏观政策引导,构建一个能够让体育教师教育事业更好发展的优越环境。虽然 2012 年以来体育教师教育政策环境型工具的使用较 2012 年以前下降了 9.82%, 但无论是之前还是现在,环境型工具的使用依旧过于频繁。但作为三种政策工具中唯一一个使用率下降的工具,它的下降使我国的体育教师教育政策工具在整体的使用和搭配情况中逐渐合理化。

在环境型工具内部的使用中能很明显地看到"目标规划"工具的使用略有增加,而对"策略措施"工具的使用却大幅减少,从而减少了环境型工具在整体中的使用率。策略措施实际上只是一种短期行为,过去我国各地条件较差,并对发展的速度也有所要求,策略措施的大面积使用能在一定程度上解决一些紧急又直接的问题,但这并不是长久之计,对于像国家法规这样的文件来说也不太适宜。新时代是结合当前我国发展而做出的重大判断,是我国新的历史方位,而方位决定方略,一个新的方略诞生,就要对未来规划更多更新的目标。体育教师教育政策便符合这一情况,或许不久之后,"策略措施"工具会再次反超成为环境型工具中使用最多的工具。

(三)需求型工具平稳增加,但仍缺乏重视

从表 10 和表 11 中可以看出, 新时期体育教师教育政策需求型工具中,"国际交流"工具使用 2 次,占总数的 40%;"教育服务的外包"工具使用 3 次,占总数的 60%,另外

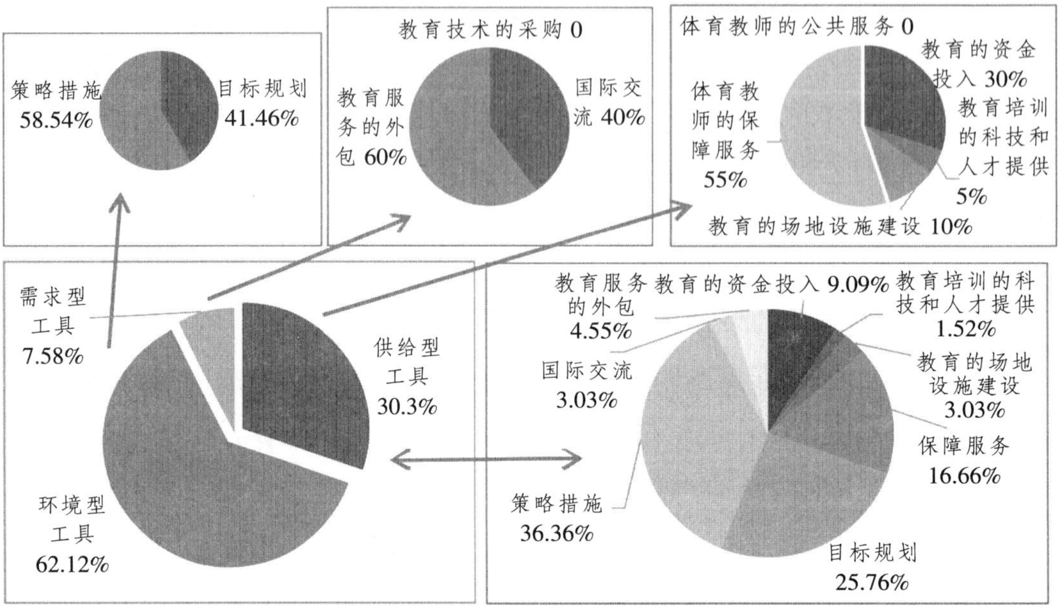

图 12 新时期体育教师教育政策 X 维度政策工具运用百分比示意图

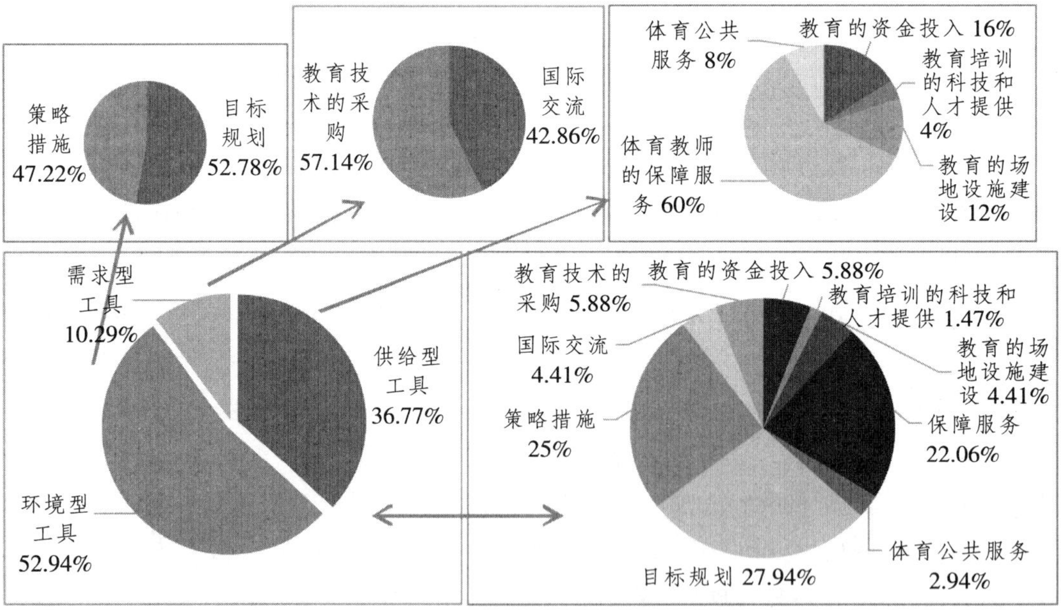

图 13 新时代以来体育教师教育政策 X 维度政策工具运用百分比示意图

“教育技术的采购”工具没有使用。而 2012 年以来“国际交流”工具使用 3 次，占总数的 42.86%，“教育技术的采购”工具使用 4 次，占总数的 57.14%，但这时，“教育服务的外包”工具没有使用。整体上，需求型工具的使用较新时期上升了 2.71%。需求型政策工具作为政策文本实施中拉动体育教师教育事业发展的重要抓手，相较于环境型政策工具来说更为快速和直接。尽管得到了 2.71%的提升，但是总体上 10.29%的使用率还不能很好地起到拉动的作用。

在需求型工具内部，一个很明显的变化就是从“教育技术的采购”工具未被使用变成“教育服务的外包”工具，这很可能是因为过去我国处于急速发展阶段，由于教师教育事业的“地基”还不够牢固，所以更多地注重学习一些发展较优秀的国家，而不是购买外界新型技术使用，结合自身能力与特点发挥出最大的功效。其实，为更好地拉动体育教师教育事业的发展，提升其质量和效率，让资源配置更加优化，这两个工具相辅相成，对其使用缺一不可。在“国际交流”工具的使用上，并没有太大的变化，但在整体使用情况中能看出政府对它的重视度有所上升，这也体现了政府希望通过与全球各国的跨地域、跨文化的国际交流来拉动体育教师教育事业的发展，让其去世界接轨，得到更好的发展。

二、体育教师教育政策 Y 维度的对比分析(X–Y 维度分析)

在 X 维度分析的基础上，加入 Y 维度中的各项指标，得到不同时期体育教师教育政策工具二维分布图和占比表，如图 14、15 所示，见表 12、13 所列。

在 Y 维度上，通过图 5 和表 5，1978—2012 年我国体育教师教育政策的 66 条编码的分布主要集中在“体育教师的队伍管理”和“体育教师的培养与进修”上，其各占了 28.79%和 30.30%，并且其中均以环境型工具为主，而“体育教师教育基地建设”分布最少，仅有 7.57%。通过图 6 和表 6，2012 年以来我国体育教师教育政策的 68 条编码的分布主要集中在“体育教师的培训与进修”和“体育教师的法规管制”上，都占了 30.88%，但

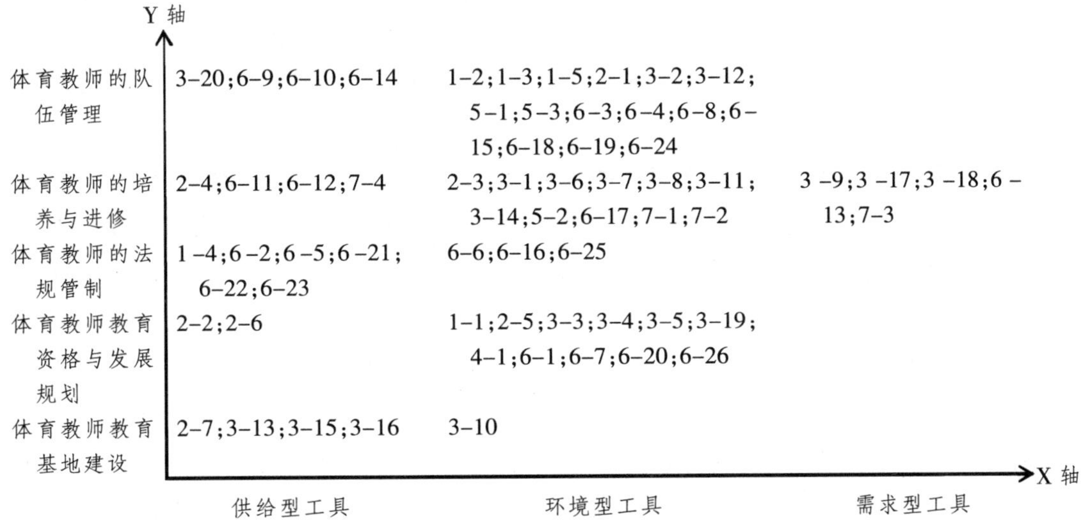

图 14 新时期体育教师教育政策工具二维分布图

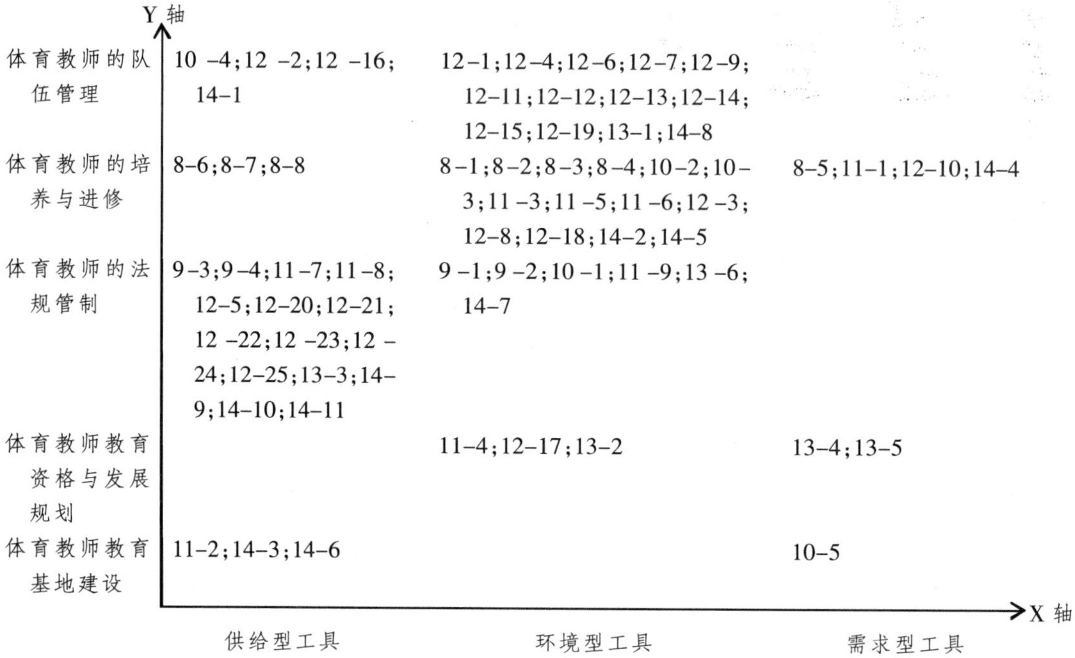

图 15　新时代以来体育教师教育政策工具二维分布图

在“体育教师的法规管制”指标中以供给型工具为主，而分布在“体育教师教育资格与发展规划”和“体育教师教育基地建设”上的编码数均不超过 10%，分别仅有 7.36%和 5.88%。

“体育教师的培养与进修”是影响体育教师教育能力最重要的因素，没有谁不需要培养就能上岗并且成为一名优秀的教师，也没有哪一位教师不需要接受进修就能一直拥有符合要求的教学能力。时代是一直处于进步的阶段，教师也需要不断学习加强自身的能力，来适应时代的进步，以成为一名优秀的教师。通过对比该指标上的分布情况发现，无论在哪个时期，“体育教师的培养与进修”都是政府在体育教师教育政策中最为关心的问题。

一名优秀老师的力量在一个优秀的教师团队面前是不值一提的，做好体育教师队伍的管理工作能让我国拥有更多更好的体育教师队伍，就能更好地提升我国体育的能力，才能真正地从体育大国迈向体育强国。进入 2012 年后，“体育教师的队伍管理”在使用中减少了 3.79%，虽然重视程度有被弱化的趋势，但依旧占总数的 25%，仍然是体育教师教育政策中的重要部分。

两个时期中变化最大的指标就是 “体育教师的法规管制”，2012 年以来的所占比重较之前提升了 11.18%，一举同“体育教师的培养与进修”成为政府最重视的部分。完善体育教师的法规管制，能够更好地为体育教师提供保障，也能提高体育教师的社会地位。经过上文分析，近年来政府对体育教师的保障服务不断加强重视，从而针对体育教师相关

表 12　1978—2012 年体育教师教育政策工具二维占比表

	供给型工具	环境型工具	需求型工具	总数	百分比
体育教师的队伍管理	4	15	N/A	19	28.79%
体育教师的培养与进修	4	11	5	20	30.30%
体育教师的法规管制	6	3	N/A	9	13.64%
体育教师教育资格与发展规划	2	11	N/A	13	19.70%
体育教师教育基地建设	4	1	N/A	5	7.57%

表 13　2012 年以来体育教师教育政策工具二维占比表

	供给型工具	环境型工具	需求型工具	总数	百分比
体育教师的队伍管理	4	13	N/A	17	25.00%
体育教师的培养与进修	3	14	4	21	30.88%
体育教师的法规管制	15	6	N/A	21	30.88%
体育教师教育资格与发展规划	N/A	3	2	5	7.36%
体育教师教育基地建设	3	N/A	1	4	5.88%

的法规管制也与保障服务相辅相成，得到了政府更多的重视。

体育教师教育资格的设立为体育教师增加了一道门槛，光自身会不够，还需要会教，还要经过相关规定获取资格才能真正地成为一名体育教师，这使我国的体育教师更加专业。同时它也与体育教师的培养息息相关，更加具体的目标能使体育教师的培养方向更加明确，能让培养教师的过程少走弯路。

体育教师的发展规划能让体育教师在长时间里得到更好的发展，它与体育教师队伍的管理存在一定的关联性，详细规划加系统管理，双重促进体育教师的发展。但是通过表 5、表 6 和图 5、图 6，2012 年以来“体育教师教育资格与发展规划”从 19.7%下降到 7.36%，政府对它的重视程度明显下降。在经过几十年对体育教师资格的设定和发展的规划后，当前在该方面已有明确的标准和计划，这是近年“体育教师教育资格与发展规划”指标下降的重要原因。

一个教育基地的建成可以给教师们提供长期并优质的培训与进修，它能在很大程度上影响培养与进修的质量，可是“体育教师教育基地建设”指标在 1978—2012 年的政策文本中仅占 7.57%，甚至 2012 年以来还减少到 5.88%，可看出政府对其的重视程度需要增强。对于使用率减少的情况，其原因可能是经过改革开放后几十年的发展规划和建设，已建成一定数量的基地，并且趋于稳定。

第四节　小结

通过分析我国的体育教师教育政策时代特征发现：

首先，2012 年以来体育教师教育政策工具的使用中，环境型工具的使用量最多，供给型工具的使用位居第二，需求型工具的使用最少。另外，供给型工具和需求型工具的使用情况得到增加，环境型工具的使用情况明显地减少，但从整体上看，需求型工具仍缺乏重视，环境型工具的使用还是过于频繁。

其次，2012 年以来体育教师教育政策工具内部的使用情况中，“目标规划”“策略措施”“体育教师的保障服务”工具最多，“教育培训的科技和人才提供”“体育公共服务”工具最少，“教育服务的外包”工具没有使用。另外，“教育的资金投入”“教育的场地设施建设”“体育教师的保障服务”“体育公共服务”“目标规划”“国际交流”和“教育技术的采购”工具的使用有所上升，“教育培训的科技和人才提供”“策略措施”和“教育服务的外包”工具的使用有所下降。

再次，2012 年以来体育教师教育政策在“体育教师的培养与进修”和“体育教师的法规管制”指标中的分布最多，在“体育教师教育基地建设”指标中的分布最少。另外，在“体育教师的队伍管理”“体育教师的培养与进修”和“体育教师的法规管制”的分布有所增加，在“体育教师教育资格与发展规划”和“体育教师教育基地建设”的分布有所减少。

最后，改革开放以后，为了顺应时代的变化，契合新时代体育教学的需求，推进“体育强国”的建设，我们必须不断地完善体育教师教育政策，提高体育教师的教学能力、专业能力和创新能力。纵观改革开放以来体育教师教育政策的动态变化，许多现实的问题随着政治经济的发展和社会的进步出现在教育事业发展中，解决这些问题的关键一环就是“教师发展”。关注体育教师政策的价值转向，关注体育教育主体的变化，关注学校体育的发展动向，可以从新视角、新领域、新境界推动体育教师专业发展。

建议：第一，继续完善政策工具的使用情况，合理运用供给、环境和需求型工具各自的特点和作用，减少对环境型工具的泛滥使用，增加需求型工具的使用以加强对体育教师教育政策的拉动力。第二，调整信息型工具和需求型工具的内部结构，要更加重视对体育教师教育的资金、科技和人才的投入以及场地设施的建设，继续加大体育的公共服务，为体育教师教育的发展提供更多的动力。在需求型工具方面，在保证国际交流的基础上，要重视服务外包和技术采购两方面，同时注重对它们的结合使用。第三，要加强对体育教师的发展规划和体育教师教育基地建设的重视程度，在体育教师教育政策发展维度上合理使用，在新时代中，要按照新的要求做出对体育教师的发展规划，建设更多拥有现代智能科技的教育基地。

第五章

我国体育教师教育政策的价值转向

我们将改革开放之后的体育教师教育政策的颁布分为四个阶段：恢复调整阶段(1978—1986),发展阶段(1987—2000),快速发展阶段(2001—2011),创新突破阶段(2012—2020)。在这四个阶段,国家共颁布了315部与体育教师教育有关的政策法规,其中占比最大的是“体育教师培养与进修”,其次是“体育改革与发展规划”;“教师补贴”和“加强和改进学校体育”是体育教师教育政策在2020年新出现的主题。通过对政策颁布时间的梳理以及政策文本内容的分析,我们得出表14和表15,由此可见,在2001—2011年这段时间,我国有关于体育教师教育政策的数量出现大幅度增加,在2012—2020年体育教师教育政策出现了“教师补贴”和“加强与改进学校体育”的新主题。

依据上文提到的14份政策文本为蓝本,导入Nvivo12软件,采用扎根理论的编码方式,对体育案例文本内容进行逐句编码并形成节点。再对编码进行比较分析,从中总结出体育教师教育政策的5个核心要素范畴:全面发展:新视角认识体育教师教育的重要性;资源配置:优化硬件设施,合理配置体育教师教育资源;环境优化:体育教学软环境的优化推动着体育教育的发展;合作协同:“体教融合”背景下多元主体的协同发展;目标引

表14　体育教师教育政策主题及频次表

序号	主题	频次
1	体育教师培养与进修	161
2	体育改革与发展规划	54
3	体育教师队伍管理	28
4	体育教师资格与规范	25
5	综合性政策	25
6	法律法规条例	14
7	体育教师教育基地建设	6
8	教师补贴	1
9	加强与改进学校体育	1

表 15 体育教师教育政策发展四个阶段频次表

序号	主题	恢复调整阶段（1978—1986）	发展阶段（1987—2000）	快速发展（2001—2011）	创新突破阶段（2012—2020）
1	体育教师培养与进修	27	35	54	45
2	体育改革与发展规划	1	13	26	14
3	体育教师队伍管理	2	5	8	13
4	体育教师资格与规范	1	8	9	8
5	综合性政策	3	3	12	6
6	法律法规条例	2	7	2	3
7	体育教师教育基地建设	1	1	4	0
8	教师补贴	0	0	0	1
9	加强与改进学校体育	0	0	0	1
	总计	37	72	115	91

领：以促进“学校体育发展”为导向。并在已有编码的基础上进一步分析，梳理出最终的编码体系。见图 16。

事实上，从图 17 中也可以发现，随着时代的变化（政策编号数字逐渐递增），政策文本与政策核心要素之间的网络关系逐渐复杂化，与核心要素之间的链接相似，这表明，不同时期，政策要素的核心要义都被广泛关注。可见，体育教师教育政策价值转向的基础尚未发生根本位移，因此，需要从政策文本内容入手，探索特定要素节点下的政策内容之间的关系与变化。

此外，为防止编码者在编码过程中主观性，本文在保持原有编码节点的前提下，邀请另外一名熟悉该领域及软件的编码人员进行编码，最后使用 Nvivo 中的编码比较功能分析编码之间的 kappa 值，最终每个节点的 kappa 值均大于 Holsti 提出的系数检验归类一致性最佳数值 0.810。

名称	文件	参考点
全面发展：新视角认识体育教师教育的重要性	13	522
环境优化：体育教学软环境的优化推动着体育教育的发展	14	307
资源配置：优化硬件设施，合理配置体育教师教育资源	14	656
合作协同：“体教融合”背景下多元主体的协同发展	14	797
目标引领：以促进“学校体育发展”为导向	14	210

图 16 时代变化下的体育教师教育政策案例核心要素编码

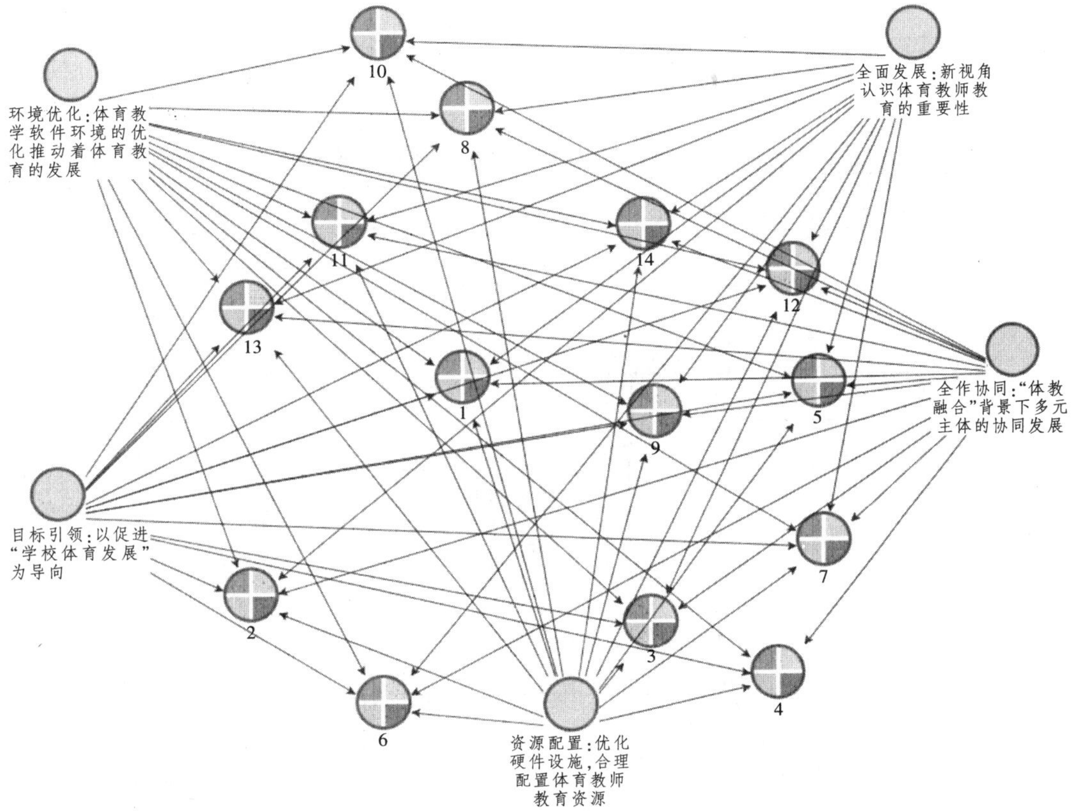

图 17　政策文本与政策核心要素之间的网络关系

综合以上分析，我们能够发现：资源配置是体育教师教育事业发展的重要基础保障，不管是硬件设施的优化还是教育资源的合理配置，都对体育教师的教育培训工作有重要影响。环境优化是体育教育的重要推助，优化体育教学的软环境，能够推动体育教育的发展。资源和环境这些要素的配置促进了我国体育事业在体教融合的背景下实现多元主体的协同发展，这种合作协同培育了我国体育教师教育的主要目标，即以促进学校体育的发展为导向，实现我国体育教师教育政策的目标引领作用。另外，此目标驱动了我国体育教师教育事业的全面发展，以全新视角认识体育教师教育的重要性，这恰恰是支撑我国体育事业合作协同发展的重要根据。因此，结合集中因素的综合分析后，有必要对不同的价值转向进行分段阐述。

一、全面发展：新视角认识体育教师教育的重要性

改革开放以来，我国针对"体育教师教育"的发展制订了一系列政策。在体育教师培养与进修、体育改革与发展规划、体育教师资格与规范以及体育教师队伍管理等方面形

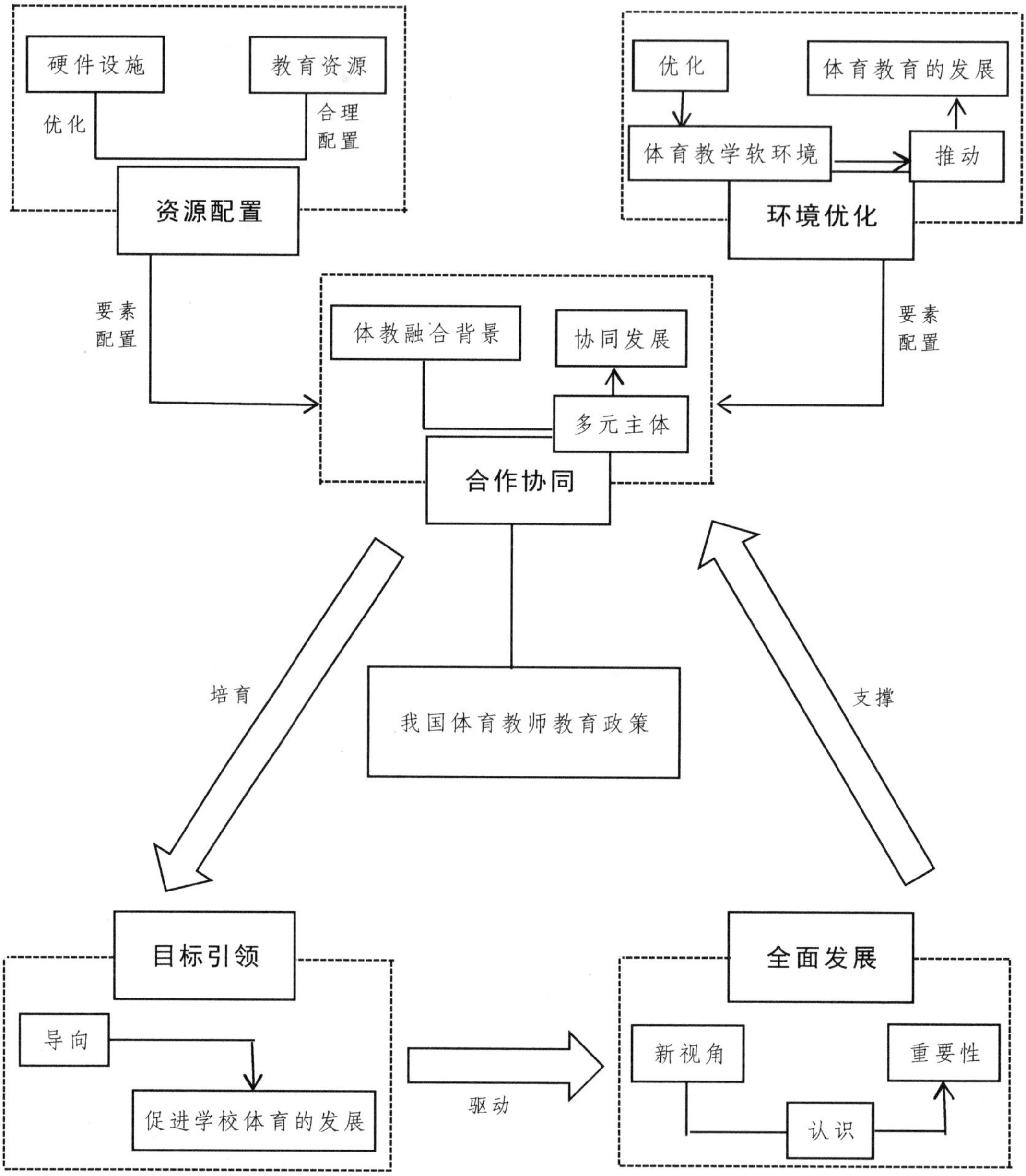

图 18　时代变化下的体育教师教育政策与案例核心之间的网络关系

成了一定的规范。但是，随着社会经济的发展以及人们对教育的认知的变化，体育教师的教育在发展的过程中也在不断地打破传统教师教育的限制，开始逐渐从教育、学校、学生和教师全面发展的角度去加强体育教师教育。

自 1980 年教育部和国家民委就加强民族教育问题提出意见后，我国逐步加强了对民族体育教育的关注。“民族”“文化”“教育”等词语开始出现在国家富强发展的过程中。为了推动民族繁荣发展，必须要通过教育来提供建设人才；民族的特殊性也要求我们在教师培训方面注重个性化培养。为全面贯彻落实党的十九大精神，顺应新时代民族教育发展和加快推进体育强国建设的需要，繁荣发展少数民族传统体育，增强民族地区青少年体质健康，到2020年，国务院、教育部以及民委共出台了7部关于民族教育发展中体育教师培训的相关政策和规定。教师资源的不均衡性以及民族文化的差异性决定了对于民族地区的体育教师的教育要开始向“全科教师”方向发展，从教师的教学能力、专业能力、创新能力和综合素质等方面发展的维度去发展民族地区的体育教师的教育。

少年强则国强，少年富则国富。自2003年教育部、国家计委和民政部首次颁布《关于幼儿教育改革与发展的指导意见》之后，幼儿体育也逐渐进入人们的视野。幼儿教育是基础教育的重要组成部分，发展幼儿教育对于促进儿童身心全面健康发展具有重要意义。改革开放以来，我国幼儿体育教育得到不断发展的同时，面临着发展区域不平衡、认知不深入、供求不匹配等问题。2006年教育部和国家体育总局召开的第一次全国学校体育工作会议指出了要树立“健康第一”的指导思想，落实学校体育工作，促进青少年儿童的身体健康。幼儿体育活动的落实，幼师的体育教学能力的提升，更加彰显了体育教师培训的重要性。体育教师培训方案的模块化与阶段化、内容的实效性和针对性，推动着体育教师向“全面”的目标发展，推动着体育教师培训向“可实施、可评估、可借鉴”的目标发展。

体育教师作为体育教学的主体，是推动学校体育发展的关键力量。体育教师的教育观、价值观会通过教学行为、教训内容体现出来，体育的育人功能由此而体现出来。1997年原国家教委提出的《中小学教师职业道德规范》首次对中小学体育教师的职业道德和思想道德做出了规范。在“体育强国”视角下，新时代“课程思政”的提出赋予了体育教师新使命和新要求。新使命和新要求如何顺应时代发展体现在体育教师培训的过程中是我们亟待解决的问题。同时，体育教师的思想政治素质和职业道德水平直接关系到体育教学质量，关系到学生的健康成长甚至国家和民族的未来。2019年，教育部下发的《关于进一步加强中小学教师队伍管理和职业道德教育的通知》进一步表明重视和提高体育教师的思想和职业道德也是体育教师培训中不可或缺的一环。

二、资源配置：优化硬件设施，合理配置体育教师教育资源

改革开放后，为了解决教师资源分配不均衡、利用不充分的问题，1978年国务院下发了《关于加强中小学教师队伍管理工作的意见的通知》。该通知对教师资源进行了合理的分配和规定。在体育教师教育政策快速发展阶段（2001—2011），我国以“体育教师教育

基地建设”为主题的政策颁布了4部；截至2020年，以“体育教师队伍管理”为主题的政策数量达到了28部。这些政策数量的增加无疑证明了我国在教育资源配置方面的完善和改进。

但是，在空间发展的角度来看，改革开放初期，受经济发展和国家优惠政策倾斜的影响，我国体育教育资源的重心偏向于东部沿海地区，导致中西部地区和东部沿海地区教育水平以及学生质量出现了差异性。2005年《国家教育督导报告》中首次提出了“义务教育均衡化”的概念，把教育发展的重心从东部沿海转移向中西部地区和偏远的乡村地区。“支教”“乡村教师”等也逐渐成为教师培养的重点。2010年，“国培计划”提出后，乡村中小学教师的培训逐渐被重视和发展，对于偏远地区的学校，国家为教师们提供了更加优惠的补贴政策和人才引进计划。体育教学也在逐渐地受到重视，近些年，为了使全国青少年的体质得到均衡发展，在体育教师占比较少甚至没有的农村偏远地区，有关体育教师的培训不断开展和实施。非体育专业出身的教师体育教学能力也通过体育教师的培训得到提升。

自从“十三五”规划实施以来，中西部地区以及农村偏远地区中小学的硬件设施开始逐渐完善。在西藏地区，虽然师资力量较内地差一些，但是在硬件方面，政府还是投入了大量的资金去完善，几乎每所中小学都会配置一个标准的足球场和400米跑道；多媒体设施开始投入教学使用；学生公寓加大力度建设并投入使用。硬件设施的配置和完善为体育教学更高质量地完成提供了一定的保障。室内体育馆的建设、体育健身设施的完善都是在贯彻和落实“体育强国”的理念，使教育资源更加均等化，配置更加合理化。体育教师教育政策的发展从一定程度上来讲也是体育教育由简单的体育教学向有特色、有价值、有未来的体育教学的转变。

三、环境优化：体育教学软环境的优化推动着体育教育的发展

环境的变化在教育发展的过程中起着至关重要的作用。体育教育软环境从微观层面可以分为教师环境、学生环境和人文环境。而这三种环境优化的同时可以推动着体育教师教育的优化改革，并在教师发展过程中扮演着不同的角色。

教师环境在体育教学环境中处于主体地位，在体育教学中起着决定性作用。与其他学科相比，体育是一门比较特殊的学科。体育教学不仅需要学生掌握基础的理论知识，更重要的是要掌握运动技能，这就对体育教师提出了更高的要求：专业的技术能力、良好的教学能力以及创新能力。在教师进入工作岗位后，这些能力提升最有效的途径就是通过教师的相关培训。从1987年开始，我国更加注重体育教师的资格与规范，对体育教师的培养和发展提出了更严格的要求。截至2020年，关于“体育教师资格与规范”的政策累计

到 25 部，关于师德建设、特殊教育、教师专业标准的培养逐渐被重视。

学生环境也是体育教学环境中的另一主体。在正式的体育教学活动中，学生的行为和发展也是体育教学环境优化的结果。近些年“以人为本”“全面发展”“素质教育”等教育理念的提出，在一定程度上激发着学生的创新意识，优化着学生的体育运动能力。1983 年，国家体委《关于进一步开创体育新局面的请示》首次提出了“体育强国”的概念，而学校体育的发展就是在为“体育强国”和“中国梦”实现培养优秀后备人才。2020 年中共中央办公厅、国务院提出的《关于全面加强和改进新时代学校体育工作的意见》对学校体育工作的开展提出了明确指示：“以学生发展为中心” 开展一系列学校体育的教学工作，注重体育的教育功能，改革体育教学内容，优化学生环境。

人文环境在体育教学中主要体现在课堂文化、课堂氛围以及教师素质等方面。不同的体育教师在教学过程中会使用不同的教学方法和技巧，从而带来不同的教学效果和课堂文化。例如一堂体育课的开始，教师们会选择不同的热身方法、不同的集合方式，营造出不一样的课堂氛围。体育不同于其他学科的是教师和学生在语言和肢体上需要进行充分的沟通，从而使体育教学的效果达到最佳。体育教师的素质也是人文环境范畴内的重要部分。体育教师的精神面貌、政治思想、行为举止都会通过体育教学所体现，对学生的体育行为也产生着潜移默化的作用，2018 年教育部下发的《关于实施卓越教师培养计划 2.0 的意见》提出要加强优化师资队伍，在体育教师培训方面，通过联合机制，协同高校、政府、社会和学校，共同推进体育教师培训。

四、合作协同：“体教融合”背景下多元主体的协同发展

改革开放以来，教育的参与者越来越多，从一开始简单的“师—生”到现在“国家—社会—学校—家庭—学生”，参与者越多就预示着教育发展的视角更加全面。从宏观角度出发，国家发展、社会进步都离不开教育的推动，而教育在政府协同、学校协同、社会协同的共同作用下也在不断地进步。

政府协同主要体现在教师教育政策的颁布和实施。改革开放初期，虽然我国对教育的发展开始重视，但由于经验不足，教育体系的构建并不是很完善，在体育教师教育政策的恢复发展阶段（1978—1986），相关政策共出台了 35 部，而快速发展阶段（2001—2011）达到了 115 部，政策数量的增加一方面体现了政府对教育的重视程度，另一方面也体现了我国教育体系的完善和发展。在政府的协同作用下，为了贯彻教育现代化的新要求，体育教师培训的内容、方案、模式得到了进一步的提升，更具有针对性。

社会协同主要体现在社会资源与教育资源的共享。社会为教育的发展提供了人力资源及相关保障。2010 年，教育部和人力资源社会保障部发布了《关于继续组织实施“农村

义务教育阶段学校教师特设岗位计划”的通知》,2012 年发布了《关于完善和推进师范生免费教育意见的通知》,2015 年发布了《关于特殊教育教师专业标准》。社会为教育中的特殊人群、特殊地区提供了专业的人才,使教育更普及和适用。在体育教育方面,“全科教师”的培养在一定程度上解决了体育教师资源短缺的问题。从 1995 年《全民健身计划纲要》的提出,到 2016 年《健康中国 2030 规划纲要》的制订,体现出国家和社会更加重视“体育”在健康方面的促进作用。

学校协同主要体现在高校对体育教师的人才培养方面。改革开放以后体育教师资源就一直面临着匮乏的问题。高校专业的体育教育一方面为我国竞赛提供了专业运动员,另一方面就是为了培养体育教师，所以学校协同是体育教育发展的重要一环。1986 年《中华人民共和国义务教育法》的颁布,为学生的发展提供了保障;2015 年,全国人大常委会颁布的《中华人民共和国教育法》对学校协同教育发展提出了更高要求。2020 年,中共中央办公厅下发《关于全面加强和改进新时代学校体育工作的意见》,指出学校体育是加快教育现代化,推进体育强国建设的重要工作。学校要与社会和家庭进行对接,在社会方面寻找资源和机会,在家庭方面增强家长的体育意识,从而为学生营造良好的体育学习氛围。通过学校协同来实现体育教学的双向互动,充分发挥体育教师的作用,增强青少年儿童的体质,提高学生的体育意识,传承体育文化。

五、目标引领:以促进“学校体育发展”为导向

改革开放后,以“学校体育发展”为目标,共颁布了 21 部法律政策,教育事业发生了翻天覆地的变化。教育事业的发展推动着我国国民综合素质的发展,体育教育的发展促使着国民身体素质的提高。“学校体育”改革开放之前就曾提出,但在改革红利的刺激下,学校体育呈现出框架标准化、主体多元化的发展趋势,取得了一系列的成绩。

教师和学生是学校体育最重要的主体。为了促进学校体育的发展,我国相关政策的制订就必须围绕教师和学生为中心。体育教学中,教师的体育教学能力、专业能力、创新能力是其发展的重点。为了贯彻“终身教育”理念,教师在参加工作后要通过参加教师培训不断地提升自己,通过培训,与其他教师进行交流探讨,更新自己的教学方法和教育理念。“以人为本”“素质教育”等教育观的提出也要求体育教师要更注重教学的内容与方法。1980 年教育部颁发了《高等师范院校体育专业教学计划》,2011 年《关于“十二五”期间实施“高等学校本科教学质量与教学改革工程”的意见》,从政策内容的转变,可以看出学校体育更加注重高质量发展,更符合社会发展的趋势,贯彻了党的教育方针。“十三五”期间,学校体育、美育和劳动教育成效显著,《国家中长期教育改革和发展规划纲要(2010—2020 年)》提出改革和创新体育教育机制,提升体育教育质量,切

实发挥体育对学生思想、生活、学习上的综合作用，培养德智体美全面发展的社会主义接班人。

在体育教师教育政策的创新突破阶段(2012—2020)，出现了两个新的政策主题——“教师补贴”和“加强与改进学校体育”。中共中央办公厅提出的《关于全面加强和改进新时代学校体育工作的意见》和教育部的《关于印发深化体教融合，促进青少年健康发展》为学校体育的发展做出了进一步的指示；贯彻习近平总书记在全国教育大会上的讲话精神，契合新时代学校体育发展的新要求，落实体育强国建设。体育教师的教育也应该顺应时代发展趋势，切合教学的实际需要来进行完善和改进。学生需求、社会需求、国家需求等要求体育教师要丰富教学内容、“寓教于学”、把教学和实际相结合，让学生在体育课堂上能够学到“真知识”。

第六章

我国体育教师教育典型政策的个案分析

第一节　体育教师教育基地政策

当前,体育师资培养培训基地的建设问题值得我们注意,这是关乎体育教师培养培训工作质量的重要组成部分。国家对于基地政策的引导和支持,都将促进我国体育教师教育基地的发展。本文通过广泛查阅资料并进行梳理得出体育教师基地通用型政策为4项,专门型政策为2项。

1982年,《关于加强教育学院建设若干问题的暂行规定的通知》中提及要加强培训基地建设,办好教育院校。2000年颁发的《关于印发〈关于进一步加强中等职业教育师资培训基地建设的意见〉的通知》,从以下五个方面给予了详细的工作指导:第一,充分理解在职教师培训基地建设的重要性;第二,明确教师教育基地建设的总体目标;第三,完成在职教师教育基地承接的任务;第四,在培训项目建设的同时,加强教师教育基地的自身建设;第五,进行统筹规划,加强基地的管理和领导,狠抓落实。这类政策文件的颁发都为体育教师教育基地的建设夯实了理论基础。

为响应国家的号召,2001年《教育部办公厅关于建设国家体育与艺术师资培养培训基地的意见》出台。该政策是教师教育基地建设工作实施以来首次颁发的体育师资培养专门性政策文件,强调了体育教师教育基地建设是体育教育改革的必然要求和全面推进素质教育的基本保证。紧接着基地于2002年分别在12所高校建立,十多年来,充分发挥其优质的体育教育资源,多次完成了对体育师资培训的各项工作,起到了积极的作用。

一、国家战略引领基地政策的发展

教育基地的建设是国家重视的教育问题之一。为加强教育学院建设,早在1982年教育部就颁布了一系列政策，强调深化教育改革的过程中教师教学水平的提高尤为重要，而解决这一问题的关键就是建设好师资培养培训基地，至此正式翻开了体育师资培养培训基地建设发展的新篇章。进入21世纪，教育振兴行动计划实施，目标是建成50个教师培养基地，培养对象是职业教育领域的专任教师和实习指导教师。行动计划初步制订为两年内开展三批遴选工作，最终选出50个优质培养基地并确定为全国重点师资培养基地。

在相关部门的组织推荐结果整合后，经过由各方面专家组严格评审完成。2000年《关于进一步加强中等职业教育师资培训基地建设的意见》的下发，再次强调了加强职教师资基地建设的重要性，这为体育师资培养培训基地的建设提供了政策基础。紧接着2001年、2002年“国家级体育教师教育基地”计划实施，引领了体育教师教育的改革发展，补充了我国体育教师教育事业的发展需要。

二、基地政策适应体育教师教育的发展趋势

基地政策适应体育教师教育的发展一直是我国常见的做法。当前，体育教师培训模式已经不能适应教育发展的需要和国家体育教师教育基地的建立，基地的建立是体育教师教育管理体制改革的一个重要内容，体育教师教育基地政策将促进机构的综合能力发展和教育水平的提升，还能进一步促进体育教师教育的改革和发展。而国家体育教师教育基地的建设应结合我国体育教师教育的实际情况，有针对性地采取实施措施，以适应体育教师教育新形势的发展需要。

目前我国体育教师教育基地基本上仍是一种静态模式下的体育教师教育，体育教师教育基地的重心仍是对新手体育教师的培养，相对忽视体育教师的入职教育和体育教师教育自身的发展，对体育教师教育培训、基地学校管理人员培训、基地学校改革发展的模式等并不关注。我们必须立足于社会快速发展变化的前提下，成立多元化和多样化的体育教师教育模式，从目前看，国家体育师资培训基地建设的主要目的是培养体育教师，利用师范大学高质量的体育教师教育资源，培训在职体育教师，同时，这也是师范大学的基础功能之一。然而，由于国情的原因，培养培训的开放格局难以“一日建成”，现阶段应保持“定向型”与“开放型”两种培养、培训模式并存，逐步放开师范教育从而实现转型。

为解决体育教师教育基地建设问题，应强调教师专业发展的连续性；同时创设一个连续的体育教师教育过程，内容包括：体育教师入职教育、体育教师在职期间的培训以及为获取高层次、高学位资历的学习深造过程。另一方面，各部门积极配合加强师范类大学、教育学院和中小学体育教师教育方式的协作性；体育教师教育过程应保障体育教育

工作者的广泛参与,以充分发挥体育教师培养培训基地建设的重要作用。

三、基地政策在改革中不断发展

从国家提出体育教师教育基地政策开始,政策的主要内容和中心思想就随着社会的发展变迁不断变化。最初建设教育学院,旨在安排教师进行系统的进修,提高在职教师的政治、文化、业务水平,并发挥电视大学在培训中的作用,严格培训考试,成绩与教师职称评定挂钩。政策的出台在一段时间内迅速扩充了体育教师队伍,弥补了其数量上的不足,提高了师资队伍的总体素质。

教育基地政策继续颁布,在加强职教师资基地建设的同时,开始进行教师整体质量的优化工作,基地精选址,重建设,逐步向建设科学、特色的教师教育基地模式转变;而国家体育师资培养培训基地的建立又进一步拔高了基地的培训层次, 要建设一流基地,重视科研工作;表彰突出的培训机构,应当不断创建新的培养模式,形成自身特点和优势,并积极发挥国家基地的引领和示范作用。可见基地政策在发展中不断整合学校相关的体育教师教育资源,力争在培养培训基地内形成集教学、培训、职前、职后培养一体化的体育教师教育新体系,同时加强对培训导师的职后教育及培养进修,建设特色体育教师教育实践基地和体育教师教育教学的科学研究。

综上,我国体育教师教育基地政策经历了由宽泛到细致的发展过程,国家发展的战略的方向引领着体育教师教育基地建设政策的发展,基地政策与体育教师教育政策协同发展,为体育教师教育发展提供了有力的条件支撑,基地政策正在发展中逐渐形成一体化的政策体系。

第二节　体育教师国家级培训政策

随着我国改革开放以来教育事业的不断推进,体育也越来越被学校以及政府所重视,对体育师资队伍建设的投入也随之越来越多,旨在全面又高效地提高我国体育教师队伍的建设水平及体育学科的教学质量。

国家级中小学教师培训计划是我国级别最高的教师培训组织,自 2000 年开始实施,由国家财政部和教育部共同牵头且十分重视。主要的培训对象是来自全国各地的各学科中小学教师,培训目标以促进自身专业发展,提高各学科教学质量为主,另外对各科的骨干教师进行重点的继续教育也是主要的培训目标之一。

通过梳理和统计自 2000 年国培计划开始以来至今的有关教师教育及体育教师教育的各项政策可以发现,这期间国家一共颁布了 23 项通用型的教师培训的政策,其中有 4

项是针对体育教师教育培训的专门型政策。这一系列政策的颁布加快了我国体育教师职业发展的进程，同时也极大地促进了体育教师培训的力度，加快了培训的步伐，不管是从深度还是从广度上看都为体育教师教育的未来发展以及提升我国体育学科的教学质量奠定了扎实良好的基础。面对我国教育发展不均衡、农村教育水平偏弱的现实情况，必须要着力提升农村体育教师的教学水平与核心素养，提高教师团队的素质，加大对农村体育教师培训的力度和速度，尽快完善地方体育教师的培养体系，因此，中西部农村体育教师的培训工作也是政策中重点支持内容中的一部分。体育专业的发展离不开社会发展的需要，同样，体育教师教育的发展与我国社会发展、国家对其的战略定位以及国家级教师培训对于体育教师的培养目标息息相关。因此，笔者将从以上这三个方面对我国体育教师国培政策的变迁历程进行分析。

一、我国体育教师教育在社会发展中所存在的主要问题

从发展脉络来看，当时社会中亟须解决的重要问题以及该问题带来的各种变动会影响我国体育教师国家级培训的政策变迁，能够促使政策发生改变的重要因素之一就是在体育教师培训的过程当中出现的真实问题，因此，不管是政策的决策者还是政策的制订者，都会就当前社会的发展现状和出现的主要问题进行深入的探讨和分析。

在党的十一届三中全会上，国家做出了改革开放的重大历史决策。改革开放之后，面对我国体育教师在教育和培训方面所面临的迫切需要，国家立即颁布了体育教师全国性的培训政策。

一方面，社会经济的迅速增长、国民教育的快速普及都给我国体育事业的发展带来了新的机遇。想要发展体育事业，必须要有大批的体育人才，教师人才是重中之重，因此我国体育教师的身上肩负着无比艰巨的革命任务；另一方面，受社会和经济发展等情况的限制，当时我国的教育资源存在严重不足的情况，这导致体育教师的分配出现了严重的失衡，传统师范教育对体育教师的培养已经难以达到当今社会和体育事业发展对体育教师的要求。针对这种情况，政府以原有体育教师的教育体系为基础，着力建设体育教师的继续教育工作，大力开展国家级的教师培训，以弥补传统方式的继续教育在体育教师培训方面所存在的不足，以此来提高体育教师队伍的素质，加快体育教师队伍建设。

国家级教师培训是促进教师专业发展、提升教师的教学能力、全面提高教师团队素质的主要方式，体育教师作为教师队伍的重要成员，也是国培计划中重要的被服务对象之一，因此只有重视两者的协同发展，才能使国培计划这个平台发挥最大最好的效用，达到国培计划的实施目的。

在国培计划的背景下，国家高度重视体育教师培训方面所出现的一些重要问题，这些问题也引起了社会的广泛关注。2000 年，教育部颁布《教育部关于做好中小学骨干教师进行国家级培训工作的通知》，政策颁布之后，在一些国培计划的试点地区，体育教师的培训多次出现了诸如参加培训的教师学习态度不端正、培训的强度过大且实用性和适用性均不强、理论脱离了体育教学实践、参加培训的人员素质参差不齐、个别教师资质不高等一系列矛盾。针对这些问题，政府和教育部均给予了高度重视，在颁发国培计划相应政策的同时，也颁布了多个关于学校体育工作的治理政策，如体育的新课程标准、青少年体质健康的标准等一系列重要文件，不光为优秀的体育学科骨干教师参与国培计划提供了前提条件，并以此来细化和规整培训工作，使其更加规范，面向体育教师提供更高效高质的培训。2008 年颁布的《关于组织实施西部初中骨干体育教师国家级培训的通知》中明确指出要根据西部地区的体育教师在教育和教学过程中出现的实际问题开展培训工作。此政策一经提出，不仅进一步缓解了体育教师培训中存在的实际矛盾和主要问题，并对此类问题从国家的层面做出了宏观的指导。

随着时代的不断进步和持续发展，现代互联网等科学技术日渐成熟且普及率很高，这不仅为我国的社会发展和经济发展带来了新的大好机遇，也为我国体育教师的教育培训带来了前所未有的契机，注入了新的活力。传统的线下实地培训形式具有非常大的空间局限性，而互联网的发展使国培计划具有实地和远程两种培训方式。国家颁布的《关于组织实施 2008 年暑期中西部农村义务教育学校教师国家级远程培训的通知》中就提到要充分发挥和利用“农村中小学现代远程教育工程”的应用效益和全国教师教育网络联盟的作用，对教师进行网络远程教育，体育教师也理所当然在国培计划的远程教育体系当中。随着教育质量和生活水平的逐渐提高以及教师需求的变化，体育教师参加国培计划的培训形式越发呈现多样化的发展趋势，多个地区相继出现实地和远程相结合的培训形式，满足了体育教师对于培训工作的质量要求以及灵巧形式的教育需求。另外，各种各类的体育教师网络研修班极速开展，满足了信息化的新时代教育与教师的素质教育相结合的要求，逐步成为国培计划体系中契合体育专业和体育教师本身的培训形式。

足球运动虽然在我国十分受欢迎，但一直是我国体育项目中的弱势项目，2002 年国足在世界杯出线，虽然给我国的球迷和足球项目本身带来了短暂的希冀和荣耀，但在那之后我国的足球成绩开始呈阶梯式下滑，足球面临的问题日益突出且备受关注。自党的十八大以来，国家频频颁布针对足球改革的政策，习近平总书记也高度重视我国足球项目的改革和发展，中国足球的发展还有很长的一段路程。2015 年《中国足球改革发展总体方案》中开篇就提出：“发展和振兴足球是建设体育强国的必然要求，也是全国人民的热切期盼。”由此可见，足球的振兴成为我国体育事业发展中必须要面对的问题和严峻的考验，也是建设体育强国的重要一环，教育部对此也下发了多项治理政策，并且陆续下发了发展足球项目的多项具体措施。一个体育项目想要长期发展，最重要的就是其后备人才，足球项目想要在我国持续发展必然也离不开对青少年的培养，这就为众多足球项目的教师和教练员提供了大好的发展机会。为此，国家大力发展足球项目的师范教育以及在职足球教师的进修和培养，并且发布了多个专门针对足球教师培训的政策，如《关于组织开展2018年全国青少年校园足球教练员国家级专项培训的通知》等。这些政策的下发，体育教师的国家级培训政策由原来宏观的全体把控转换为单一重点项目的具体安排，并且对参与的培训对象，尤其是足球项目的骨干教师进行了严格的规定和限制。

二、我国对于体育教师教育战略的定位

"尊重知识，尊重人才"对国家的建设和发展十分必要。我国一直非常重视对人才的培养，也一直非常重视对于人才资源的培育，这为我国体育教师教育政策的发展奠定了良好的基础。科教兴国战略在我国的社会发展中有着至关重要的作用，1998年，国家正式颁布了《面向21世纪教育振兴行动计划》，该计划中明确指出，要全面推进教育事业的持续、健康、协调以及快速的发展，加快终身教育体系的建设，这不仅为体育教师的继续教育指明了方向，也为其改革和发展提供了有力的依据。

2000年国家体育总局颁布的《2001—2010年体育改革与发展纲要》中提出要重视体育学科的未来发展以及体育专业人员的职业教育。2001年，"教师教育"这一概念正式在我国提出，此概念的提出将体育学科的师范教育和体育教师的继续教育功能进行了进一步的完善和融合，将我国体育教师教育带入了全新的发展阶段，进入了新的篇章；在党的十七大会议汇报中，指出努力提高农村体育教师的素质，以及提高农村体育教师的教学水平是当前我国师资队伍建设的重中之重。紧接着，2008—2010年，国家相继颁发了《关于组织实施西部初中骨干体育教师国家级培训的通知》《关于组织实施中西部中小学体育、艺术骨干教师国家级培训的通知》和《关于组织实施"国培计划-2010年中小学体育艺术骨干教师培训项目"的通知》这三项政策文件，充分体现了我党的崇高精神，使党的要求在教育事业中生根发芽，更是通过对优秀的骨干体育教师进行培训，以此提高和带动了西部地区体育教师队伍的整体素质。

足球项目是我国最早进行职业化改革，也是我国体育界最为重视的运动项目之一，尽管如此，但我国的足球成绩一直不尽人意，被众多球迷所诟病，所进行的改革也并没有实质性的效果。党的十八大以来，体育是我国改革拼图中的重要一块，党和国家依旧对我国的体育事业给予了高度重视。2015年，《中国足球改革发展总体方案》这一专门

针对足球项目的政策在中央全面深化改革领导小组的第十次会议上被正式审议通过，该方案中提出，要把振兴足球这一体育运动上升为国家层面的战略规划，这不仅标志着我国发展足球运动的决心，更标志着我国在建设体育强国的进程中又迈上了一个台阶；为了继续贯彻习近平新时代中国特色社会主义思想以及十九大精神，并且要落实体育教育改革的各项要求以及总体方案，我国颁布了《教育部等6部门关于加快发展青少年校园足球的实施意见》，该意见提出要在我国所有地区范围的中小学中遴选和大力建设校园足球特色学校，为我国青少年校园足球活动的发展奠定了坚实的理论基础。除了遴选和发展特色学校，政策中还提出要保障师资队伍的建设这一新的要求，要求以多方式的培养形式来培养师资队伍；另外，政策中还要求，从2015年起，各地市要结合自身的实际发展状况，开展多种多样多方式的体育教师培训，还要从国家和政府层面对校园足球活动的主要负责人、专项教练员进行专门培训，这些实施措施都成为《关于组织开展2018年全国青少年校园足球教练员国家级专项培训的通知》等一系列后续政策颁发的蓄力工作。

三、体育教师的国家级培训政策的培养目标以及培训的内容

从国家级培训计划实施至今，我国关于专门型的体育教师国家级的培训政策一共颁布了4项，具体的培养内容和培养目标如表16所列。

国培计划对于体育教师的培训目标，是根据国家对体育教师教育提出的总体要求以及教师教育的整体性质和任务对体育教师提出来的规范性的标准，在不同的时期，标准也是不同的。从以上的四项有关体育教师的培训政策中，可以发现，针对我国中西部的骨干体育教师，以及足球专项的教练员，政府对其培训工作有着具体的、明确的部署。

历来国家对于体育教师的培养，都要求做到与时俱进，要以建设高素质的学校体育师资队伍为最重要的宏观目标。从对体育教师的培养目标和培养内容这方面来看，我国的国培计划中，在培养目标这个模块，有着十分共性的要求，具体的要求有：了解并熟悉我国关于教育以及体育工作的各项法律法规以及各项计划方针；掌握多项体育项目的专项运动技能和教育教学的能力；要根据实际情况进行体育学科内容的传授工作；要合理、正确的运用体育教师的各种培训形式。其中，第四项政策中，其培训目标非常明确，是针对足球项目所进行的培训，提升足球项目教练员的任教能力和知识水平，通过校园足球这一重大改革，带动我国足球项目的全面发展，推动我国进入体育强国的行列。

培训内容的前三项，主要针对三个板块：学校体育的形势、体育教师如何高效教学以

表16　体育教师的国家级培训政策的目标以及培训内容

时间	政策名称	培训内容	培训目标
2008年6月17日	《关于组织实施西部初中骨干体育教师国家级培训的通知》	1.培训的主要内容：西部体育教师在教学中面临的困难和不可避免的问题 2.三个主题：学校体育的发展态势、体育教师的传授能力、体育教学的实际运用	1.学习和熟练各项目的基本技术与教学方法，提高职业修养 2.探索开展农村体育教师培训的课程体系和培训模式 3.促使农村体育教师的培训工作有新的进展，在西部地区发挥体育学科的功能
2009年7月15日	《关于组织实施中西部中小学体育、艺术骨干教师国家级培训的通知》	1.对学校体育发展态势、体育教师职业能力、体育教学的实践运用这三个方面进行培训工作	1.学习和掌握体育项目基础专业技能与教学技术水平 2.探索、开发适用于西部小学体育教师培训的体系和模式 3.推动和加快开展体育教师的培训，提升中小学体育教师的教学能力
2010年7月2日	《关于组织实施“国培计划–2010年中小学体育艺术骨干教师培训项目”的通知》	1.围绕体育教师专业成长、提升体育教师教学技能、体育教学研究实践运用进行深入学习、交流和研讨	1.通过培训，帮助初中和高中的体育骨干教师提高专业能力和教学的水平 2.探索、开发能够适用在农村的中学的体育教师培训的课程和培训形式 3.推动体育教师培训工作的进展，提高中学和小学的体育教师教学能力
2018年2月12日	《关于组织开展2018年全国青少年校园足球教练员国家级专项培训的通知》	1.有关理论的课程 2.关于教学实际操作的课程 3.理论和实践课的具体考核	1.让校园足球教练员对校园足球这一活动的重要性有清晰的概念，增加其理论知识储备和对政策的认知能力 2.为校园足球活动培养优质的师资队伍 3.促进校园足球的发展，引导全国校园足球的全面发展 4.为校园足球活动的持续健康发展进行奠基工作

及体育教学如何应用于实践。对学校体育的形势进行培训和学习,其目的是为了让教师了解学校体育未来的发展趋势和发展脉络;对教学的技能以及实践应用进行培训,是为了加强体育教师的教学基本功,丰富其自身的教学方法,创新课堂教学设计,以此提高体育课堂教学的质量。第四项针对足球理论与足球教学实践的板块,目的是要培养精通理论、精通专业的足球专项教师,全面提高足球专项教师的理论水平和综合能力以及专业素养。根据这四项政策的演变历程可以看出,培训的目标以及培训内容是根据当前社会发展的需要,根据基础教育的改革情况以及体育课程的实际需要所确立的,对体育教师进行的各种培养,最终的目的都是为了提升中小学体育教学的质量。

随着我国国培计划的不断完善和发展,教育部对于各科教师的培训都处于长期的、完善的规划过程当中,其中当然包括体育教师。在这四项政策中,有三个重大的变革内容:2008 年着重于农村体育教师的专业技能培养和学校体育课堂的教学质量;2009 年和 2010 年的重点依然是提高中小学体育师资队伍的建设水平,继续着力发展体育教师的继续教育;2015 年国家重点改革和发展足球项目,2018 年对全国各地的足球专项教练员进行了国家级的培训工作,不仅提升了我国校园足球教练员的执教水平和教学能力,并为我国校园足球未来的发展奠定了良好的师资队伍基础。每一次变革的调整,对于体育教师的培养目标也会有相应的变化,由此可知,体育教师的培养目标并不只是单一固定在一个方面,而是与时代的发展趋势、体育学科的多次变革以及教师素质以及价值观的提升和改变融合在了一起,这是一个动态化、开放式,并且逐渐系统化和科学化的过程。对体育教师进行教育和培训,既是学校体育发展和青少年体质健康发展的需要,也是体育教师专业发展的需要,更是学校体育进行改革的重要途径。因此,必须要明晰体育教师培训的基本目标,才能更好地提高体育教师参与国家级培训的质量,发挥国培计划对体育教师的核心作用。

根据政策的主要内容、对体育教师培养的主要目标以及培训的主要内容可以看出,培训的内容以适应各地区的实际教学情况为主,因此培训内容和培训形式较为刻板和单一;在颁布这四项政策的中间时期有着五年以上的停滞期,虽然期间颁布的一些通用的国培政策中也提到了关于体育教师的培训工作,但还是在一定程度上使体育教师的培训和发展水平落后于当前社会的需要;另外,对于体育教师的培训目标,其要求不够明确,因此很难达到预期的效果。所以,必须科学准确并且符合实情的对其进行定位,而且各地区的学校在实际培训的过程当中应落实体育教师本身的目标。最后,培训的方式缺乏灵活性,应根据培训工作的具体目标、内容和实际参与人群的实际情况来选择相应的培训形式。

综上所述,我国在体育教师教育中所出现的问题和我国教育未来发展的战略方向为体育教师的国培政策的发展和变迁提供了合适、有利的条件,但专门针对体育教师国家级培训的政策，其培训目标依然存在含混不清的情况，且培训的形式缺乏灵活性。因此，应将社会发展的趋势以及社会发展过程中出现的主要问题与体育教师的实际发展情况相结合，以此来制订政策中关于体育教师培训的目标、内容及培训的形式。

第三节　体育教师教育课程政策

课程建设在人才培养培训中十分重要，决定着培养目标的实现、培养方向的正确与否。体育教师教育课程的改革是关乎体育师资队伍建设的重要问题，国家历来十分关注师资队伍建设，教师教育课程的改革也被屡屡提及。通过政策梳理可得，体育教师教育课程改革相关性政策为 26 篇，专门性政策为 11 篇。

人才资源在中华民族伟大复兴的任务中尤为宝贵，为培养高素质人才，赶上现代化建设的步伐，社会文明的快速发展对教育质量有了急切需求，各行各业都在呼吁教育的改革。面对新时代的教育改革，作为教育行动的执行者，教师教育也被投来更多的关注。不论是学生教育还是教师教育，课程都是教育的核心，课程改革一直以来都是教育工作的核心之一。1998 年，《面向 21 世纪教育振兴行动计划》颁发，在中小学教师队伍受到重视的同时，对中小学教师的教材建设成为工作中的主要任务之一，《国家学生体质健康标准》的实施，为青少年健康状况的提升给出解决办法，面对学校体育教师队伍的缺陷给出建议，提供了有针对性的队伍建设机制，教育改革在素质教育的全面推进中为教师教育课程的建设指明了方向。因此教师教育课程的建设必须契合现代化建设对教师的要求，以确保教师教育工作的有效执行。

2011 年，《关于大力推进教师教育课程改革的意见》从课程设计、实施、组织保障等方面全方位地指明了教师教育课程改革方向，附件《课程标准》为改革的实施提供了操作性方向。基于体育学科的特殊性，紧接着各大师范院校在体育教师培养模式不变的基础上，探索实践导向的体育教师教育课程体系，在教师教育课程的改革中跨出历史性的一步。

一、体育教师教育课程资源建设

2011 年，在深化教师教育改革的脚步中，从课程改革入手，教育部发布《关于大力推进教师教育课程改革的意见》及《教师教育课程标准》，意见中指出：第一，在课程观念上，要在有所保留的原则下大胆创新；第二，优化课程结构，促进教师教育课程体系建设；第三，制订契合于现代人才要求的课程内容；第四，开发优质课程资源等。各级各地对于课程资源的建设工作，其实早就已经开始。为促进优秀教师课程资源共享，2003 年，“教师教育网络联盟计划”实施后，教育部启动了全国教师教育课程资源专家委员会的成立工作，并指明了委员会的主要职责。到2015年，已经成立了第三届委员会，明确委员会的主要性质是教育部领导下的一个专家组织，该组织受教育部委托，负责教师教育课程资源建设的研究、规划、指导、咨询等工作。在主要任务中，对在线开放课程进行了再次强调。

为进一步提高体育教师教育课程的资源建设，深化体育教师教育改革，从而提高体育教师培养培训的质量，一系列职前教育资源建设政策颁布。随着新时代教师教育改革的深入，体育教师队伍建设目标对教师教育课程提出了新的要求，同时结合学校体育的任务需要，体育教师教育类课程也在随着教育实践不断改进。一系列政策文件均对教师教育类课程资源建设的发展起到推动作用。

二、体育教师教育课程内容改革

体育教师教育课程内容的改革源于学校体育的任务需要，课程是培养体育教师教学能力的重要内容，1998年的师范院校体教专业课程方案初步为体育教师的职前师范教育指明了方向。随着“教师教育”概念的出现，相较之前的“师范教育”，我国教师培养研究也进入了新阶段。为促进教师专业化发展，新的历史阶段教师教育体系要做到职前、入职、职后一体化才能符合时代对教师的新要求。但在体育教师教育课程内容建设方面，更多关注的还是师范生教育。2004年教育部起草《普通高等学校体育教育本科专业主干课程教学指导纲要》，该课程纲要是体育教师职前教育中的体育教育专业课程建设的指导性文件。素质教育背景下，基于体育活动的特殊性，在教学中关注学生的心理活动和身体反应十分重要，因此该文件中课程的总目标致力于使这群未来体育教师通过教学实践活动，学会教授技能动作的同时帮助学生形成正确的体育价值观；对田径体操球类等项目的教育课程进行了具体表述。根据新世纪基础教育的需要和素质教育的需要，“十五”期间，在教师教育的发展问题上，教育部给出意见：要大力推进中小学教师继续教育工作，进一步加强教师教育课程教材建设。体育教育中出现的问题往往是推动教师教育政策产生的重要因素之一，面对青少年学生体质与学校体育课质量的下降，培养具有实践精神和创新精神的高素质的教师队伍变得十分重要，因此对于教师教育教学内容的更新，教学手段和方法改进的研究得到关注。

教师的专业性包括“学科专业性”和“教育专业性”，教师的专业化发展中必须熟练精通学科知识和学科精神，鉴于体育与健康的价值关系，体育教师更应如此。体育教师培养范围在实施“卓越教师”计划时，对课程建设进行了调整：在体育教师对体育运动的把握、教师的视野、对体育精神的理解方面进行了突出。许多资深教师与学术研究表明：一名优秀教师的整体能力不能缺少其视野眼界、对学科的深刻理解等。卓越小学教师培养改革项目实施单位华南师范大学,在小学教育专业的教师培养工作中初步探索,在包含理论、实验、实践课程的知识创造指向型的教师教育课程实践中,取得明显成效。

三、体育教师教育课程的目标定位

课程目标是教师教育课程标准的重要组成部分。1999 年新课程正式启动,2000 年 7 月形成《课程标准(初稿)》,之后新课程实施,与这一改革伴随出现的是体育教师教育本身存在问题的凸显。要使新课程改革走向成功,教师教育课程必须进行相应改革以适应学校教育的新要求,在课程改革成为教师教育变革的中心问题时,课程目标的定位更是首要研究问题。这一轮新课程改革改变以往知识学习为主的理念,转为促进每位学生的发展。从政策的培养目标来看,基础教育的改革决定了教师教育课程的方向,进而决定了教师教育课程目标定位。《基础教育课程改革纲要(试行)》中对教师教育课程做出指示:承担师资培养的机构和高等院校在关于培养目标、机构设置、课程结构、教学方法的设置上,应符合基础教育改革的宗旨,以其目标与主要内容为导向。也就是说,体育教师必须在接受教师教育后逐步适应学校教育的改革要求以及社会对教育人才的需求,这样才能更好地承担教育任务。

2018 年为深入贯彻教育精神,落实青少年校园足球的发展,以培养校园足球教练员为目标的国家级体育教师职前职后专项培训全面展开。作为体育教师教育的一个分支,该培训课程目标紧紧围绕青少年校园足球教育,致力于提升受训者足球教学技能与对校园足球的认识水平。《国家中长期教育改革和发展规划纲要(2010—2020 年)》中对教师师德问题进行了强调,同时指出体育教师的业务能力提高的重要性。“健康中国”的建设为体育教师培养提供新思路,未来体育教师作为健康中国建设任务的承担者,其教育课程目标中增加了掌握体育促进健康中的问题, 提高体育教师关于健康促进的实施能力;体育师范生专业课程目标逐渐融合健康促进相关学科,提高体教专业学生的预防医学相关能力。不同的时代对体育教师有不同的要求,因此政策中对体育教师教育课程的目标定位也会有所倾向;但不论何时,为提高体育教师队伍专业化,促进体育教师职前、职中、职后教育课程目标一体化这一点是毋庸置疑的。

四、体育教师教育课程的发展方向

改革开放以来,社会经济的快速发展,体育事业的增长需要一大批体育教育人才,然而体育教育资源不足一直是我国学校体育长期存在的问题。在切实“开齐开足体育课”的过程中,高素质的体育教师缺编是主要的制约原因,体育教师教育大发展问题刻不容缓。

教育要发展,教师是关键。在体育教师队伍建设中,教师教学质量提高的任务是重中之重,因此必须做好教师教育改革工作。教育部原部长在“教师教育交流会”上强调,要想提高教师质量,教师教育课程资源的建设是有效举措之一。紧接着,教育部门调动一切积极因素,同时各部门充分发挥协调作用,做好教师教育课程资源共建共享,最终形成多层次、多元化的教师教育课程资源库。

基础教育体育课程的需求为课程优化指明了方向。在教师职业道德中的立德树人层面,2012 年教育部颁布的《教师专业标准》中强调了师德建设的重要地位,而关于体育教师教育类课程,课程内容中对于教育政策法规,教师职业道德涉及较少。在教师教育中信息化能力一直被强调,而针对体育学科的信息化能力培养的针对性却较低。体育学科中的体育竞赛视频剪辑,运动时肢体的路径分析,这些都是现代体育教育技术应用的重要内容,而政策中对于体育教师教育课程在这一方面培养重视程度较低。高素质专业化创新型教师是新时代教师培养方向,通过政策文本分析可知,目前体育教师教育课程的针对职前教育的关注较高,这也能暴露出一些问题。另一方面,2018 年教育振兴行动计划实行,实施组织遴选 200 门教师教育国家精品在线开放课程,体育课的开放性与课堂组织灵活性决定了设计在线课程的必要性。教师教育在线开放课程建设计划的有效实施,将进一步推动在线开放课程广泛应用共享,促进教师教育课程进一步改革。

第四节 体育教师职前教育政策研究

一、体育教师职前教育政策环境

1978 年,《关于认真办好体育学院的意见》指出:为满足专任体育教师和教练员培养需要,建议师范类体育学院增设体育系,同时可根据需要设运动系。为充分发挥体育学院在我国体育教师职前教育事业中的力量,1981 年国家体委下发通知,对当时的 6 所专业类体育院校的主要任务、院系规模、课程设置等的定位给出详细解释;另外《关于修订全国普通高校体育本科专业目录的通知》将体育本科专业目录进行了重新划分。总体来看,这个时期为加快体育师资队伍的建设,国家大力发展师范教育,加强体育师范专业教育质量,重心主要在数量的补足上。

20 世纪 90 年代中后期,我国开始深化教育改革,素质教育工作全面推进。这一阶段教师数量需求得到一定程度缓解,体育教师职前教育质量的提升成为改革的重点。综合类高校和非师范类高校被鼓励参与教师教育工作,职前教育体系走向开放化,越来越多高等院校参与到教师职前教育中，体育教师培养数量急剧增加。随着社会经济发展对体育教师要求的增高，教师职业道德标准被强调，体育教师师德建设工作被渗透进入职前教育。如何进一步提高体育教师职前培养质量成为重要议题，师范教育政策产生了新的侧重点。“卓越教师”“体育名师”等教师培养计划在各地实施，学校体育急需一批高质量的教师来完成教育任务。2007 年，为加快教师教育发展，培养高质量的未来教师，免费师范生教育政策施行。师范生实习支教工作大力推进，一方面改善偏远地区教育贫困的现状，另一方面提高了师范生的教学实践能力。进入新时代，针对师范大学师范生公费学习这一制度，国务院颁布的通知中给出具体实施办法，说明以师范生教育为主的体育教师职前教育体系正在继续完善，我国体育教师教育在改革与深化中不断得到创新发展。

二、体育教师职前教育质量保证

高等师范教育作为教师职前培养的主要阵地，为确保体育教师职前教育质量，师范类专业认证工作的开展十分必要。自从高等教育扩招以来，体育教育专业的开设学校数量也急剧增加。一些原本就有公共体育课程的高校也纷纷开展体育专业教育，增设体教专业。在体育教育专业培养范围急剧扩大的形势下，培养质量的问题开始令人担忧，现实情况表明很多学校体育教育专业的建设质量低下。因此，师范类专业认证被纳入教师教育质量保障体系。在体育教师教育领域，开展体育教育专业认证成为重点。2017 年，有关该制度的具体实施办法的文件正式印发，各部门积极配合开展工作。进入新时代，政策内容明确提出为确保职前教育教师培养质量，要全面开展师范类专业认证，教师队伍建设工作进入全面深化阶段。而师范类专业认证的发展也意味着我国教师职前教育的发展进入新阶段。构建中国特色的教师教育质量认证体系，也是提高我国教育质量，使之与国际接轨的重要举措。2018 年教育部针对体育类本科专业颁布的教学质量标准内容包含 7 个专业，培养目标到教学条件等方面都进行了具体要求，这一条例为推动体育教育专业的标准化建设奠定坚实基础。在教育振兴行动计划的步伐下，我国体育教师职前教育专业认证工作将逐步规范。

体育教师资格与规范制度的完善也是教师教育质量的保证。关于体育教师资格制度：1986 年，原国家教委颁布《关于印发〈中、小学教师考核合格证书试行办法〉的通知，《办法》中暂设教师考核证书为《教材教法考试合格证书》和《合格证书》两种，目的在于对现有教师进行考核。由于改革开放后我国体育教师教育政策正处于恢复调整阶段，因此当时颁布的教师资格政策主要为提高在职教师的教学水平。到 1993 年，初步建立并实行中小学教师资格考核制度。之后，《中华人民共和国教师法》颁布，明确提出获得教师资格的条件。面向非师范生和其他背景申请人员的考核制度开始建立,体育教师职前教育阶段的教师资格制度也逐渐得到完善。2000 年后一系列关于教师资格条例实施办法的文件颁布,文件从体育教师的入职资格、教师职责与权利义务等方面进行了规范,标志着体育教师职前教育资格制度进入有法可依的时代。为确保体育师资队伍质量,2013 年教师资格考核制度扩大改革,《中小学教师资格考试暂行办法》《中小学教师资格定期注册暂行办法》颁发,内容指出:普通高等学校学生,可凭在籍学校证明报考;改革试点工作启动后的师范类专业学生,申请中小学教师资格应参加教师资格考试。对师范生教育制度的确定中,指明了体育教师入职标准,规范了体育教师职前教育的质量保证。

三、体育教师职前教育政策问题

体育教师是体育教育事业发展的重要支柱,体育教师队伍的质量直接关系到体育事业的建设和发展,因此,国家十分重视对体育教师的教育和培训,职前教育尤为重要。体育教师的师范教育是职前教育的重要组成部分,也得到了政府的高度重视。1978 年,国家教育部发布《关于加强和发展师范教育的意见》,明确指出要大力发展和办好师范教育,努力办好各级各类师范学院为国家培养师资。但由于当时我国正处于改革开放的初期阶段,国内的经济建设和教育事业也刚刚起步,政府对于体育学科的重视程度还很低,国民对体育的认知还不够全面,对体育教师职前教育的重视程度也不够高。随着我国教育事业的不断推进以及体育学科的快速发展,中小学的体育师资明显呈现不足的趋势。1986 年,国家颁发《关于加强中、小学体育师资队伍建设的意见》中提出要高速高质量的培育体育学科的教师,各级各类的师范学院里都要开设体育的相关班级,在实际的教学中要增设体育方面的选修课程,使学生毕业后不光能够教授自己的主课,也能够向中小学生传授体育运动知识和技能。这条政策发布后虽然解决了当时我国中小学体育师资不足的问题,但很多兼职体育教师由于未受过系统的体育教学训练,加上他们被自己所负责的主科分散了大部分的注意力和精力,在体育教学实践方面出现了很多困难和问题,影响了学校体育的教学质量。

我国自实施改革开放的决策后,经济建设和教育事业逐渐走向正轨,稳步发展,体育也逐渐被人们所重视,在学校中的比重也逐渐加大,但农村和城市之间的发展还是具有一定的差距,农村体育的发展水平还比较低,不管是体育教师的数量还是教学的质量,以及各种教育资源与城镇的差距比较大,这些因素都使得农村体育的发展受到了严重阻碍,政府对此高度重视,2002 年国家教育部颁发《关于加强农村学校体育卫生工作的几点意见》,提出通过兼职教师培训上岗的方式解决农村体育师资不足的问题,该举措虽然给农村地区增加了体育师资,但未从根本上解决农村地区体育师资缺少的问题,培训内容过于表面,流于形式,且兼职教师的流动性比较大,学校的体育教学质量得不到保证。

随着"教师教育"这一概念在我国的提出和完善,政府对教师教育的问题也越来越重视,体育教师作为教师团体中的重要一分子,其职前的培养也得到了相应的重视。2012年,教育部发布《关于深化教师教育改革的意见》,提出了多项完善教师教育的体系、提高教师教育的质量以及提高中小学教师队伍建设的具体举措,但由于当时素质教育还不够完善和全面,学校对体育的重视程度还有待提高,导致体育教师的师范教育和职前培训产生了理论脱离实践,培训的内容与教学的实际情况不符。

四、体育教师职前教育政策目标

目标是对活动的预期设想,体育教师职前教育的目标是指对体育教师进行职前教育想要达到的预期结果,随着教育的推进和素质教育的提出,我国对体育教师师资的培养较为重视,颁布多条有关教师教育的通用型政策及专门针对体育教师职前教育的专门性政策,根据颁布的时间以及社会发展的不同需要,其对体育教师职前教育的政策目标也不尽相同。

自改革开放后,我国的教育事业逐渐进入正轨,体育事业也随之快速发展。1980年国家教育部发布《高等师范院校体育专业教学计划》(试行草案),计划中明确了各类师范院校的体育专业的必修、选修课程以及相关的课时要求,该计划的颁布旨在培养合格的、与当时社会发展需要相契合的体育专业人才。教师的专业知识的储备水平和进行教学工作的能力是影响教学质量的关键因素,为适应我国基础教育发展和实施九年制义务教育的需要,提高师资团体的整体素质,提高各学科教学质量,同年,原国家教委发布了《中、小学教师考核合格证书试行办法》的通知,体育教师的认证和职前教育进一步规范。

随着我国科教兴国战略的提出,为了适应当前社会的发展需要,培养能够适应教育现代化,能够全面实施素质教育的中小学教师,为21世纪培养素质高、水平高以及质量高的基础教育师资,1999年,教育部颁发《关于师范院校布局结构调整的几点意见》,指出要根据实际情况对我国当前的师范院校进行调整,包括院校的布局以及机构等方面,在此基础上,要保证各学科教师职前以及职后教育和培训工作的实际质量和真实效益,这为体育教师的职前教育奠定了坚实的基础,也进一步提高了体育教师的质量和素质。

为完善我国教师教育体系,使教师教育得到可持续发展,2018年,教育部等五部门联合印发《教师教育振兴行动计划(2018—2022年)》,提出要在教师培养的层次上有长足的进步,引导及支持努力办好各级各类师范类院校,在建设师范本科的基础上,大力支持教育类硕士及博士招生和培养,除此之外还提出改善师范生生源等一系列具体措施。该计划提出的主要目的是全面地将我国师范教育的规格和层次升级,全面提高师范生的教育教学能力和素质水平,为我国的教育事业培养一批素质综合且全面、业务能力出众的各学科教师,体育教师当然也是其中重要的一分子。

为了进一步提高学校体育的教学质量,促进学校体育的多样化发展,2019 年,国家体育总局颁布《2019 年全国退役运动员考取中学体育教师资格证冲刺培训班的通知》,目的是为了帮助退役运动员成功考取体育学科的教师资格证,使其具有在学校任教的资格。

第五节　小结

我国体育教师教育基地政策经历了由广泛到细致的发展过程,国家发展的战略发展方向引领着体育教师教育政策的发展,基地政策与体育教师教育政策的协同发展,为体育教师教育发展提供了有力的条件支撑,基地政策正在发展中逐渐形成一体化的政策体系;我国在体育教师教育中所出现的问题和我国教育未来发展的战略方向为体育教师的国培政策的发展和变迁提供了合适、有利的条件,但专门针对体育教师国家培训的政策,其培训目标依然不明确,培训的形式缺乏灵活性;体育教师职前教育相继出来一些文件,但未从根本上解决农村地区体育师资缺少的问题,培训内容过于表面,流于形式,且兼职教师的流动性较大,学校的体育的教学质量得不到保证,由于当时素质教育还不够完善,学校对体育的重视程度还有待提高,导致体育教师的师范教育和职前培训产生了理论脱离了实践,培训的内容与教学的实际情况不符合。因此,从国家政策的视角来看,对典型政策的个案分析得出影响我国体育教师教育政策演变的驱动力主要有体育教师教育问题的出现和中国战略方向的定位。

第七章

国外体育教师教育发展战略框架解读

第一节　加拿大体育教师教育发展战略框架解读

加拿大政府要求体育教师教育计划的时效性和内容的阶段性之间保持一致,教育受益主体为实现教育目标共同努力是体育教师教育政策有效实施的必要条件。

一、体育教师教育有效实施的特点

随着体育教师教育政策、课程、培训项目和倡议的演变及社会的发展,体育教师必须有效地教育学生,以确保体育教学、学生体育学习的有效性。研究表明:

第一,体育教师教育的发展是不同教育主体的共同责任;

第二,体育教师教育要顺应时代发展,遵循社会教育发展的背景;

第三,体育教师教育要系统、有计划、持续发展;

第四,体育教师教育是有意义、有目的并专注于学生关键能力发展;

第五,有利于为体育教师提供学习机会,加强受教育者的专业实践和教学能力;

第六,为所有教育利益相关者,包括教育者、受教育者、学生、家长、学校提供学习机会;政府和学校会提供培训机会,以达到体育教师在组织层面和个人层面的改变。

二、体育教师教育的有效实施需要系统的一致性

有效的体育教师教育需要系统的、一致的培训,需要培训实施的计划和内容主次之间保持一致。国家的政策要求所有认证后体育教师根据对学习需求进行自我评估,制订年度专业成长计划,以满足教学质量标准。学校和政府制订年度教育计划。专业成长计划和年度教育计划可以考虑演进省级教育目标。年度教育计划需要具体说明地区专业发展

计划将如何支持学校和国家教育目标的实施。

三、体育教师教育问题解决的关键(必要条件)

解决体育教师教育的问题要求教育利益相关方在制订实施计划时准确回答几个指导性问题:第一,使用何种执行战略;第二,确定谁将负责什么、何时负责以及以何种代价负责;第三,并确定哪些证据将被接受,即哪些基本条件已经解决。

四、体育教师自我评估的基本条件

使用下面的自我评估模板来确定你在解决当前体育课程、体育教学内容、体育相关政策、项目或计划的问题时所处的位置。在右栏中,描述你用来支持体育教师自我评估的证据,以及为实现目标而进一步提升体育教学工作的目标。

表 17　体育教师的自我评估

正在实施的教育改革名称:					
实施的时间表(开始和结束日期):					
必要条件	描述/说明	没有	部分	有	自我评估(进一步工作的目标)
愿景共享	利益相关者对预期结果有共同的理解和承诺				
领导能力	各级领导人都有能力支持从当前现实向预期结果的转变				
研究和证据	目前的研究、证据和经验教训为实施决策提供了信息				
资源	人力资源、材料、资金和基础设施已到位,以实现预期的结果				
教师专业能力的提升	通过持续的专业学习,教师的知识、专业技能和属性得到增强				
时间	提供时间支持实施				
社区参与度	家长、学校委员会、参与学生、社区成员、企业、工业和大专院校是支持实施的合作伙伴				

五、体育教师教育发展战略及活动

在设计实施体育教师教育计划、制订综合专业学习计划时,需要考虑众多因素。这些因素的选择,应平衡体育教师个人、学校和政府的需要。基于要实施的教育政策、教育课程、计划、内容或倡议,学习活动可以将各种方式结合起来,以支持教师教育的有效实施。

表 18　体育教师教育发展战略及行动

行动研究	个人专业成长计划	专业组织
书籍研究	综合课程规划	专业作品集
案例研究	互联网研究	选择课程资源
回顾课堂/学校访问合作	日志	自我反思
课程开发	课程学习	专家理事会
会议录音带	指导同事	成员学习小组
会议课程	在线课程	暑期学院
制图课程	网络在线 PD 项目	教师会议
座谈会	同伴辅导	视频会议
数据分析	播客	观看教育视频
检查学生工作	高等教育课程	网络研讨会
重点对话	专业书籍和期刊	工作坊
接待实习教师	专业学习社区	

第二节　澳大利亚体育教师教育发展战略框架解读

澳大利亚政府通过澳大利亚政府理事会(COAG),致力于与各州和地区合作实施三项新的国家伙伴关系协议,以确保所有澳大利亚学生受益于世界一流的教育。这包括智能学校—提高教师质量国家伙伴关系、智能学校—社会经济地位低的学校、社区、国家伙伴关系和智能学校—识字和算术国家伙伴关系。

一、体育教师教育指导方针的目的

这些指导方针的目的是提供关于澳大利亚政府优质教师计划(AGQTP)的信息和指导,以及如何利用该计划为教师和学校领导提供专业发展,使他们具备 21 世纪教学所需的技能和知识。

二、《提高体育教师质量国家伙伴关系》的目标

澳大利亚政府优质教师计划(AGQTP)的目标是:为体育教师提供21世纪教学所需的技能和知识;在体育教师专业学习方面优先提供指导;提高学校体育教师的专业地位。澳大利亚政府优质教师计划(AGQTP)提供的专业发展活动有助于取得以下成果。

针对校长、教师和学校领导的角色和学校环境对其进行有效培训;培养体育教师和学校领导在其职业生涯中提高技能和知识;让体育教师掌握技能,帮助学生掌握基本体育健康知识,并提高学生体质的整体水平;支持实施国家教师专业标准,支持实施澳大利亚课程,以及教师和学校领导在学校有效实施学生福利的能力。

三、澳大利亚政府体育教师教育改革计划的"关键优先事项"

(一)计划优先级

为确保澳大利亚政府体育教师教育改革计划有助于实现澳大利亚政府教育改革议程的目标,已经确定了该计划的优先领域,以与政府教育改革的关键优先领域保持一致。

(二)优先领域

第一,课程。

第二,有针对性的学习需求。

表19 澳大利亚政府体育教师教育改革计划

课程	有针对性的学习需求	跨课程/全校
识字/英语	土著学生	将信息和通信技术融入教学
计算/数学	土著体育教师	课程创新使用信息和通信技术跨课程
科学(包括环境可持续性教育)	有残疾和学习困难(包括自闭症)的学生——面向专家和主流教师	专业标准和领导力
历史		亚洲研究
地理		未来学校领导者的发展
信息和通信技术		辅导技能
语言		绩效管理技能
职业教育和培训		业务管理技能
音乐、体育		项目管理技能
		国际最佳实践

第三,跨课程/全校。

除了上述活动之外,年度教育计划活动计划必须拨出 25%的资金支持以下关键领域的专业发展:

第一,澳大利亚课程(课程表)。

第二,国家教师专业标准(跨课程/全校)。

第三,学生福利(包括欺凌)(跨课程/全校)。

每年总资金的 25%必须用于澳大利亚课程、国家教师专业标准和学生福利等关键优先领域的专业发展活动。分配给任何一个领域的金额是自由决定的,取决于该领域的专业发展需求。例如,15%可用于澳大利亚课程中的技能提升体育教师教学法,5%可用于教师专业标准,5%可用于发展战略、技能以提高学生福祉的专业发展。澳大利亚课程基金将用于确保教师做好教学准备,而不是在新课程的内容领域培训教师。

(三)澳大利亚体育课程

澳大利亚政府致力于开发和实施从幼儿园到一、二年级的体育课程,从简单体育游戏的学习领域开始。新的澳大利亚课程将对所有澳大利亚学生应该学习的体育课程内容达成一致。它还将对所有澳大利亚学生应达到的体育成绩标准提供明确的建议,无论他们的情况、他们就读的学校类型或学校所在地如何。澳大利亚课程将使教师和家长清楚地了解每年体育教学需要涵盖的内容,并使体育教师能够围绕课程要点灵活地安排课程。

(四)《国家体育教师专业标准》

新的《国家体育教师专业标准》是政府提高体育教学质量改革议程的核心。根据《提高体育教师质量国家伙伴关系协定》,所有州和地区都同意从 2011 年起制订和实施一套全国一致的标准。该标准将为体育教师队伍改革提供一个平台,从而提高教师质量和学生成绩。

第三节　芬兰体育教师教育发展战略框架解读

芬兰体育教师高水平的教学能力建立在高质量的教师教育基础上。体育教师的职业受到管制,对教师的资格要求在立法中有所规定。

有关法规列出了作为不同体育教学岗位要求的学习、资格和工作经验。在芬兰,大多数体育教师(约 88%)符合为其职位设定的要求。为此芬兰国家教育委员会发布了关于在芬兰承认外国教师资格的决定。

体育教师教育不断发展。通过学校体育的各种评估、预测和数据收集,定期探索体育教师教育质量和数量发展的需求。发展体育教师教育内容的重点包括:对需要更多支持的学生的教学和指导、学习环境的发展、信息和通信技术的利用、与多元文化社会有关的问题、学校和家庭之间的合作以及与工作世界的合作。

体育教师工作的独立性。在芬兰,体育教师有许多专业自由和机会来影响他们的工作和工作社区的发展。教师有权力决定他们想使用哪种教学方法和学习材料。芬兰的教育体系建立在对教师和教师教育的信任基础上。

体育教师定期在职教育。正规的在职体育教师的工作要求很高,需要正规的在职教育和深造的机会。负责教师在职教育的各方是教师本身及其雇主,最常见的是市政当局。雇主根据公务员集体协议负责教育,这种教育的最短持续时间是每学年在校时间以外的三个工作日。除了雇主,教育和文化部也支持教师的在职教育。国家资助的在职教育的目标是为校长和教师提供发展其能力的平等机会。

2017 年春,芬兰教育和文化部向发展体育教师教育项目提供了近 1500 万欧元的赠款。这些项目将推动体育教师教育发展方案的实施,并促进该方案目标的实现。11 所合作大学获得了赠款。以下是在春季申请中获得资助并于 2017 年秋季启动的开发项目:

一、活动和会议——加强职业教师教育中的包容性和基于人权的方法

防止年轻人被排斥的最好办法是培养教育平等,并向每个人提供被包容的体验。教师在这项工作中发挥着关键作用,在体育教师职业教育中也是如此。该项目将使未来的体育教师做好准备,以确定体育教学中的排斥因素,加强学生的体育参与,培养体育技能。该项目由哈加—赫利亚(项目管理和协调)、哈梅、日夫斯基莱、奥卢和坦佩雷应用技术大学的职业教师教育单位实施。

二、北极改革和探索性教学(ArkTop)

ArkTop 项目的目的是支持体育教师职业能力的终身发展, 并建立一个基于体育教师发展计划的运作模式,以实施系统、持久和面向实地的体育教育。此外,将为虚拟教学设计各种教学解决方案,以提供高质量的教学。

三、博思尼亚学习中心

博思尼亚学习中心利用数字化提供体育教师教育创新的可能性。该项目将开发和传

播体育学习环境的最佳实践，并将试验新体育教学技术和工作方法。重点将是奥博·阿卡德米大学的体育教师教育。

四、学习是未来体育的基石——培养体育教师专业能力的项目

该项目将发展学科教育，特别是体育学科，以及体育与各种学科和领域的合作。该项目的试点将建立体育教学方法和模式，特别是发展创造性教学技能和学习。

为了建立可持续的研究型教师教育和技能创新，发展科学领域学科教师的专业成长和学科教学技能，芬兰政府在秋季资助项目中开发了以下子项目：

1.发展体育学科教师的专业成长和教学技能

该子项目通过加强体育学科教学论的教学开展导师教育活动，发展赫尔辛基体育学科大学生教师学士研究。此外，将为体育学科教师建立一个基于 MOOC 的继续教育包，并将对该项目及其影响进行高质量的研究。

2.HowUTeach——数字自我评估工具，支持体育教师教育的发展

HowUTeach 是一个支持体育教师教学和专业能力发展的自我评估工具。例如，这些工具适用于教学实践、能力提升和工作应对。根据工具提供的信息，教师会收到反馈，以支持自己教学的发展。

3.非正式学习的教师教育

教师教育将实施非正式学习和正式教学相结合的网络。展览、博物馆、科学中心、国家公园和文化机构也是体育教师教育中优秀的开放式学习环境。他们利用了现有的电子教学和信息技术，给体育老师提供创造自己教学模式的机会。

4.虚拟课堂中的体育教师——体育教师教学技能的发展和虚拟课堂模式

该项目将开发虚拟体育课堂教学的实践和教师的教学技能，他们将成为虚拟工作的体育教师。虚拟教室并非是每个高中都提供的体育课程；虚拟教学技术在老师的指导下给学生提供了远程体育学习的工具。

5.培养体育教师综合互动技能的计划

该计划的目的是发展和调查一个适合体育教师基础教育、入职培训和继续教育的教育实体。这个实体的目标是支持体育教师专业互动技能的发展。教育包括通过基于体育游戏的创造性和体验性方法练习专业技能。在体育教师的工作中，将特别关注以下关键的互动情况：课堂互动、家庭和学校之间的合作、数字互动、文化和语言存在差异的儿童及其家庭。将在 2017—2021 年进行试点、结果分析以及教育实体的进一步发展。

6.体育教师教育学研究的发展项目

该项目是发展体育教师的能力基础,特别是作为赫尔辛基大学体育学科教师教育和硕士课程改革的一部分。该项目是与教育部、学科系、培训学校以及合作大学共同完成的。该项目为体育教师的教学研究、开发、运作提供良好的合作模式。该项目的成果将在网站上分享,任何感兴趣的团体或大学都可以访问。

7.体育教育工作者的专业能力发展是研究型教师教育的一部分

通过行动研究,该项目将为体育教育者的专业能力发展创建一个结构化模型——从新手到大师。目标是在有经验的体育教师教育者和教师教育者职业生涯初期之间建立对话,特别是在理论和实践相结合方面。另一个目标是提高体育教师教育对学生世界的了解,与实地学校和培训学校进行合作。

8.渐进式体育教师教育——参与式体育学习环境

参与式体育学习环境结合了物理空间、解决方案、现代体育教学理论以及动机和兴趣理论。在这个项目中,我们正在开发体育学习模块,帮助未来和现在的体育教师学习如何自己构建体育教学环境,如何利用新的体育教学环境。目标是利用最新的技术和研究,遵循参与式学习模式,创建一个混合学习环境。

9.能力的集体飞跃——通过体育教师教育和工作、生活之间的新合作提高教学技能

该项目通过经济高效的方式发展未来和现在体育教师的专业技能。教师将掌握能够促进体育教学发展的高质量互动和行动模式。他们的活动将基于日益多样化的工作社区技能,如包容性的团队领导、协作学习和基于研究的改革专业知识。

10.创造性体育专业知识——在教师基础教育和继续教育(ULA)之间搭建桥梁

基于系统思维和专业研究,该项目将开发体育教师教育的运营模式。大学和中小学之间的合作将支持体育教师在实践中的终身学习。重点是学习和教学中的交叉互动,如在多元文化和语言意识平等的学校,注重教学的工作方法、学生动机和跨课程合作。

11.芬兰政府制订与性别平等相关的体育教师教育内容

这个全国性项目将制作和测试体育教学的材料和工具,将性别平等、不歧视和减轻隔离等主题纳入芬兰体育教师教育和学生顾问教育的课程。

12.INNOKOMP 项目——创新能力、共同创造作为体育教学的因素

INNOKOMP 项目——创新能力、共同创造作为体育教学设计和教学技术的因素:将开发并更新体育教学和学习的实际操作模式, 考虑不同的学习者并促进体育教学的平等。这些模式是为基础教育和体育教师教育设计的。与此同时,一种新型的体育教师教育

模式也将产生。它将支持体育教师教育在实践中进行学校级别的教学改革。

13.幼儿体育教师教育中的指导和学习伙伴关系

在教育、工作和生活的合作中，该项目将开发一个支持幼儿体育教师在职业发展各个阶段的指导模式。幼儿体育教师教育的目标包括幼儿体育教育和保育的在职学习。合作基于该地区60多个日托中心的伙伴关系网络。

14.全国数字教学网络

该项目将开发一个数字化学习和教学网络，支持和发展体育教师的专业知识和技能共享。这些活动的基础是图尔库、赫尔辛基和芬兰东部大学正在进行的数字化培训活动，以及活跃在这些大学的专家教师之间的网络联系。这些行动将分阶段增加，以形成一个全国性的体育教师和体育教师教育网络。

15.职业体育教师教育改革

OPEKE项目将改革职业体育教师教育的整个连续性：选拔过程、学习和监督以及与工作生活的联系。还确保体育教育者的技能是最新的。发展试点将被用来建立职业体育教师和体育教育终身技能发展模式。还支持体育教师实施职业教育改革。

16.开发社区的体育教师，学习体育技能和教学方法

Open—Digi项目汇集了五所教师教育机构研究的体育专业知识，以及体育教师教育者、师范生和学校教师合作的开发社区。目的是加强体育教师在教学方面的能力，并支持学生的学习相关体育技能。

17.芬兰体育教师教育的学生选择——对未来的展望

该项目的目标是基于研究体育教师教育选拔的过程发展，通过广泛的合作网络实现的。除其他外，该项目的参与者包括芬兰所有的体育教师教育单位。在选择体育教师教育时，该项目将特别关注如何对申请人的能力进行评估，以便该过程与相关研究结果保持一致，并在体育教师教育单位之间变得更加统一。此外，该项目将确定体育教师的关键能力，并对体育教师教育的有效性进行系统评估。

18.支持体育教师学习的多学科交叉合作

该项目将开发体育教师教育中特殊的教育内容，特别是在六所大学、专家网络和学校之间开展合作。基于优势的体育教育，以及体育教育连续性的互动，重点将放在如何发展团队教学，体育教师教育的教学咨询。

第四节　南非体育教师教育发展战略框架解读

南非过去的体育教师教育和发展面临着很大的问题:缺少为新进和在职体育教师提供优质教育和发展的机会;对不同专项体育教师的供给与需求不匹配;现有体系未能显著改善学校体育教学的质量;一个不完整、不协调的教育和发展方式;体育教师在教育和发展计划中参与过少;缺乏效率和资金的监管不力。为了应对这些挑战,2009年南非教师发展峰会呼吁制订一项能加强南非体育教师发展的综合计划,以提高体育教师的教学质量,南非体育教师教育和发展综合战略规划框架应运而生。

该计划适用于R年级到12年级的体育教师,从招聘到退休之间的几个阶段来描述,包括:教师招聘、新教师的培训工作、教师入职、终身(持续)专业学习和发展。其具体内容如下:

一、预期结果

该计划的主要预期结果是提高体育教师教育的质量和提高体育教师的教学质量,这一结果将通过以下几部分工作来实现,这些工作按其主要负责的部门机构分类如下:

(一)由基础教育部领导的工作

1.建立能满足体育教师发展需求的系统

将在国家课程和专业发展研究所设立一个发展管理系统,通过这个系统可以查明和解决不同类型体育教师的发展需要。

我们必须认识到,各种各样的因素相互作用影响着南非体育教育系统的质量,体育教师贫乏的学科知识和教学内容是重要的原因。教学资源和学习材料只有在体育教师有能力去解释和利用的情况下才能体现出它的作用,仅通过综合质量管理体系对体育教师进行的评价不够深入,不足以帮助体育教师发现自己的需求。此外,发展评估体系将发展评估与绩效评估合二为一,使得体育教师发展需求的确定变得更加透明和准确。要想解决体育教学质量差的问题,就必须建立一套非惩罚性的制度,评估体育教师目前传授课程的能力,并满足他们个体发展的需要。为了应对这些挑战,需要以下流程:

第一,使体育教师确定自己学习和专业发展的需要,并得到满足需要的机会。

第二,确定适用于全体体育教师发展的先后顺序。

2.建立国家课程和专业发展研究所

国家课程和专业发展研究所将负责为体育教师开发和管理一个培训系统,帮助他们确定自己的需要,并获得高质量的培训以满足这些需要,确保南非的学校体育教育始终有可行的、相关的培训课程。

第一,国家课程和专业发展研究所将由基础教育部门建立。该系统将配备适当人手,汇集专业教师、学科专家、优秀的执业教师、非政府组织及其他机构,让体育教师通过以下途径发现和解决他们的发展需要:

开发内容框架,描述与学校课程相关的内容(理论和实践),以便有效地教授课程,并使用该框架为体育教师提供自我评估和优质的短期课程。

为体育教师建立自我评估,使他们能够轻松快速地确定需要什么和要做什么,以便更很好地发挥他们的职能。

开发高质量、内容丰富、可持续发展的专业课程,由南非教育委员会认可,并在适当情况下通过行业及职业质量委员会或高等教育质量委员会认证。

开发和维护一个资讯及通讯科技平台以支持该系统,从而为全国各地的体育教师提供优质的专业发展机会。

第二,确保新系统与体育教师持续专业发展管理的工作保持协调一致。

同时,国家课程和专业发展研究所也需要一套有活力的、响应性强的、可执行的课程,使学习者能够充分胜任该工作,同时也需要体育教师为教授国家课程做好充分的准备。

第三,课程开发和体育教师发展都将受到背景、实施和成果研究的有力支持,以帮助有形产品的开发,包括政策、措施和计划。

第四,虽然建立体育专业教师学习社区的责任将落在各省,国家课程和专业发展研究所将协助开展活动,以促进学习社区的发展。

3.开发并提供体育教师自我评估以及评估其课程的能力

自我评估是一种评估工具,可以在网上和(或)以书面形式获得,每个体育教师都可以在安全的环境下独立使用,以保密的方式,测试他们自己的需求,以便更好地执行他们的核心职能。

第一,国家课程和专业发展研究所将汇集整个系统的专业知识,包括体育教师教育工作者、学术专家、优秀的执业教师、非政府组织和其他知识渊博的组织,分析国家评估的结果和进行其他的审查。目标是确定课程或教师在工作中表现不佳的部分,以及如果体育教师能够获得发展机会,哪些地方可能会得到改善。这些分析的结果,连同 1.1 中开发的内容框架,将用于设计自我评估,确定教师在这些领域是否存在不足。

第二,自我评估将是简短、有重点、结构化的,这样体育教师就可以在各个阶段对学习领域的各个组成部分进行自我测试,并且大部分采用多项选择的形式。

第三,评估将提供实时反馈,并将确定需要关注和进一步发展的领域。

第四,评估将与南非教育委员会、体育教师持续专业发展管理系统相联系,这将允许为个别教师提供经南非教育委员会批准课程,以满足发展的需求。

第五,体育教师可通过多种途径申请资助,包括网上申请及地区层面的书面申请。

第六,如果某一体育教师与其他教师差距较大,最好通过获得教师资格来解决,各省将支持该教师确定并注册合适的资格项目。

第七,成功完成课程的学生将获得南非教育委员会专业发展的认可。

4.为体育教师提供高质量、内容丰富、教学效果良好、可持续发展的专业课程

内容丰富且合理的短期课程是与特定学科、阶段或专业领域的内容框架紧密结合的,成功地学习这些课程,使体育教师提高他们的教学实践能力。

第一,为不同项目编写课程的工作将与为这些项目编写自我评估的工作同时进行,这项工作将由国家课程和专业发展研究所协调,利用系统的专业知识,包括那些对具体重点领域具有专门知识的非政府组织。

第二,该课程将由南非教育委员会认可,并通过行业及职业质量委员会或高等教育质量委员会进行认证,在适当的情况下,可能会认可之前的学习和学分的积累,并转换为正式的教师资格课程。

第三,持续专业进修课程将作为开放源代码材料提供给经南非教育委员会批准的供应商。

第四,自我评估的结果将表明体育教师需要开设特定的课程,聘请体育教师的省份将提供开设课程的资金。

第五,省级体育教师发展研究所将与地区体育教师发展中心合作,在地方一级做好管理并向体育教师提供这些课程。

5.开发和部署一个体育教师教育与发展信息和通信技术支持系统

体育教师教育与发展信息和通信技术支持系统是一个在线系统,它将包含一些基础设施,使体育教师能够进行自我评估,确定经南非教育委员会批准的相关项目,申请注册课程,并申请资金资助他们的学业。

第一,国家课程和专业发展研究所负责开发和管理体育教师教育与发展信息和通信技术支持系统,以及履行下列职能:

体育教师可以在无风险的环境下使用自我评估系统,对自己的能力进行评估并获得即时反馈。

通过信息和通信技术系统,体育教师可以学习互动课程,发展自己的能力。

信息和通信技术系统与南非教育委员会国家课程和专业发展研究所管理系统相连接,所以一旦体育教师通过自我评估,确定了需要发展的领域,他们就会被指引到提供有关的课程及计划的地方,并可申请资助注册这些课程及计划,一旦课程成功完成,可以获

得南非教育委员会的专业发展积分。

通过信息和通信技术系统可以交流有关专业发展的问题。

信息和通信技术系统将作为一个切入点,任何人都可以从这个切入点获取由国家课程和专业发展研究所开发的开放源代码材料,这些材料可用于体育教师发展。

第二,体育教师教育与发展信息和通信技术系统的开发将补充基础教育部门/教育及劳工关系委员会,并倡议体育教师使用信息和通信技术设施。随着越来越多的体育教师使用信息和通信技术设施(笔记本电脑、互联网等),并逐渐能够熟练使用这些设施,他们也将越来越多地能够利用在线机会来确定和解决他们的发展需求。

图 19 展示了这些过程如何协同工作,形成一个识别和解决教师发展需求的综合系统。

6.确定并解决中期体育教师发展的需求

除了审查现有的国家课程的声明、国家高级证书、年度国家评估、执业教师的资格概况,还确定了五类教育工作者,以便在中短期内获得有针对性的体育教师发展机会。

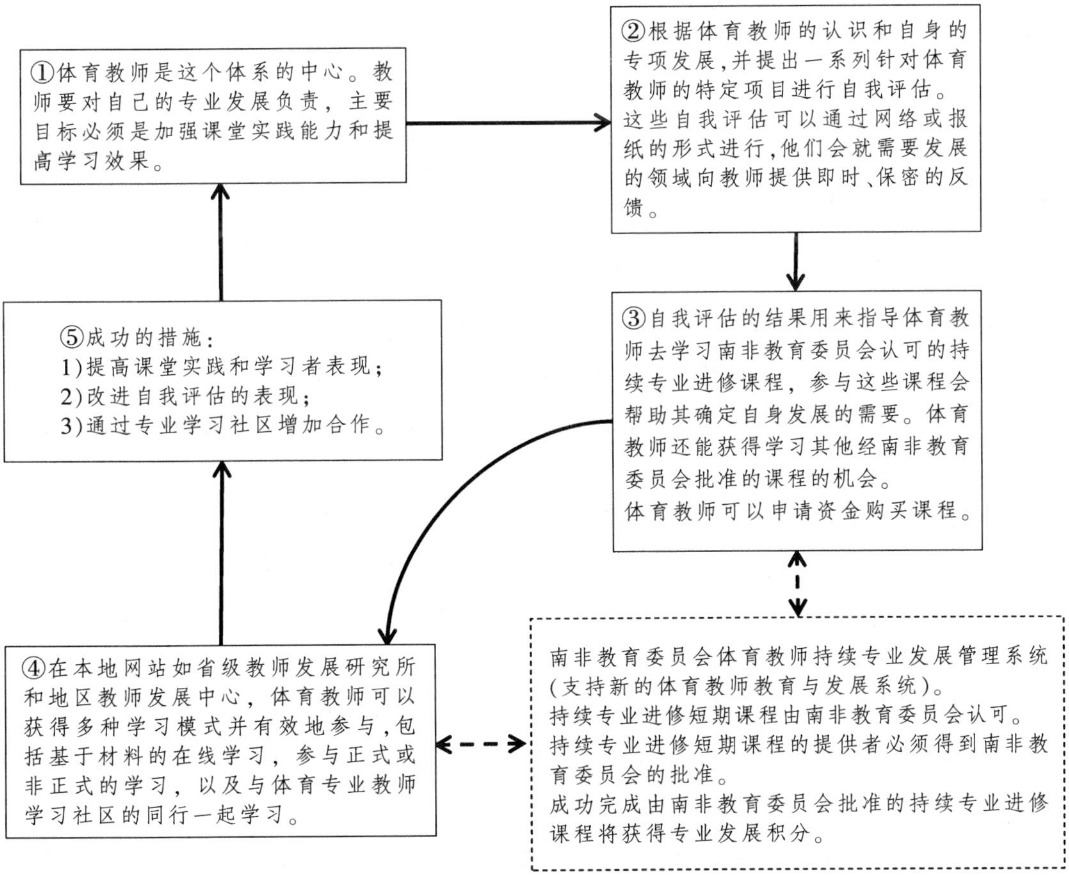

图 19　识别和解决教师发展需求的综合系统

在计划的前五年，社会发展委员会将与州级教育部门合作，将目前系统中的一部分资金为下列教育工作者提供发展机会：

A 类：增强实习体育教师的知识和实践能力，使他们能够更成功地实施国家课程。

B 类：指导教师（教学专家、高级教学专家和学科顾问——应培训他们成为新进体育教师的导师和专业学习社区的领导教师）。

C 类：不合格或资格不足的体育教师。

D 类：有特殊需要的体育教师。

在 2010—2011 年度，大多数州已经为 A 和 C 类的教育工作者设立了项目，从 2011—2012 年开始，这些活动将会有更系统的计划，活动将会扩大到包括 B 类和 D 类的老师。

以上原则涵盖系统内所有的教师，但是经费限制将需要确定交付的先后次序。

在计划的第二个五年，在对证据评估的基础上，根据国家教师教育与发展委员会的建议，将对其进行审查，并决定保留、调整或丢弃，并创建新的类别。

如前所述，我们将采取双管齐下的方法，包括短期课程的干预措施和资格课程的干预措施，以规划和提供与这些体育教师需求有关的培训。

短期干预措施：为了使效率最大化，大约选择 3000 个体育开展不佳的学校，对他们的体育教师，以及他们所在地区的课程顾问，通过短期课程或部分资格对其进行干预。如果没有足够的资金投入到这些学校，就会选择其中规模较大的学校。

在国家委员会的州察结果中强调，需要有能力领导和有良好学习环境的学校来领导，并与热心的体育教师团体合作，才能有效地教授和评估学校课程。

国家委员会的州察结果强调，指导教师须有能力在体育教师的专业范畴内为他们提供支援。所有提供的服务将作为专业学习的促进者，有针对性的识别学校，并丰富他们的课程，使其合理化，以便更好地支持体育教师在专业领域的发展。

资格证的应急方案：在今后五年的时间，旨在发展和确保长期系统培养与评选新的体育教师，特别是对 B、C 和 D 类的教育工作者提供。

我们将甄选合格的指导教师，以发展新体育教师的工作能力，并通过专科高级教育证书或文凭课程，在学校和地方集群层面促进专业学习社区的发展。

从事专业工作而不具备资格的研究生教师（C 类），将得到认可并获得资助完成为期两年的兼读研究生教育证书课程。

完全不合格的执业教师（C 类），将被确定并支持完成学位课程。

未取得或资历不足的从业员（C 类）将获资助于 2011 年及 2011—2012 年度完成初级教育发展阶段文凭课程，之后将获资助完成新学历课程。

7.越来越多的高校毕业生被吸引到体育教师行业中去

为了满足需要，将努力吸引和鼓励优秀的体育专业毕业生成为体育教师。

目前，南非还没有培养出足够多的新体育教师来满足教育系统的需求，对新体育教师的需求更加明显地体现在特定区域和特定阶段的教育中。体育教师的公众形象不佳，以及当前体育教师职业的现状，加上缺乏资金供给学生从事体育教师教育研究，已经被认为是造成新体育教师毕业生数量少的主要因素。

为了应对这些挑战，必须实施强有力的征聘和宣传运动，加强响应、统一国家和州级奖学金方案，为足够数量的体育教师教育学生提供充分的支持。

8.加强体育教师招聘工作

第一，将制订、实施和评估一项加强体育教师招聘的策略。

第二，除了提倡体育教师作为一项职业外，这项运动还将致力于提高体育教师的形象和地位。

9.为体育教师教育专业的新生推行更完善的奖学金资助计划

第一，增加体育教师教育专业的招生，奖学金计划将维护至少25%的学生。

第二，该计划资助的优先领域将不断得到审查，以使其符合系统的实际需要。

第三，将调查以地区为基础的津贴分配模式，分配津贴给需要体育教师地区的优秀学生。

第四，为了尽量减少国家助学金和省助学金之间的竞争和重叠，将在国家助学金和省助学金计划之间进行调整。

(二)由州教育部牵头的工作

1.加强地方体育教师的收入

将在地方一级加强对体育教师的支助和获得专业发展机会。

在他们工作的地方，他们在获得支持、资源和持续的专业发展机会方面遇到了很大的困难，对于绝大多数在农村工作的体育教师来说，困难更加明显。要求重新开放教育学院的部分原因是体育教师难以获得地方的支持和有意义的体育教师发展机会。为了应对这些挑战，有必要在州和各级地区支持体育教师的发展。

2.建立州级教师发展机构

州级教师发展机构是作为协调各州和提供国家、州级重点持续专业发展方案的基地和实习地点。

第一，州级教师发展机构将由州级教育部门与教育部合作，根据国家为这些院校制订的规范和标准建立。

第二，在已经存在这些项目的州份，将加强州级教师发展机构，以确保它们符合既定的标准和规范；没有的州份将开发州级教师发展机构。

第三,州级教师发展机构将设有州级体育教师发展官员办公室和其他负责体育教师教学和发展的官员办公室。

第四,州级教师发展机构将设有住宅设施,并将作为中心站点培养学科顾问、指导教师等关键人员,为地区体育教师提供高质量的支持。

第五,州级教师发展机构也将作为居住的州级交付站点,用于继续由国家课程和专业发展研究所开发专业的发展项目。

3.建立地区体育教师发展中心

地区体育教师发展中心是位于地区的站点,可以方便附近学校的体育教师进入。它们将作为体育教师的本地支持站点,作为课程支持人员可以操作的站点,作为体育教师可以访问共享资源的站点,作为继续专业发展课程的交付站点,作为体育教师专业学习社区的集合点。

地区体育教师发展中心将由州级教育部门与基础教育部门合作建立,基于为这些中心制订的国家规范和标准,并与国家地区发展计划相一致,并将在该州州级体育教师发展研究所的主持下进行协调。

在已经存在地区体育教师发展中心的州,它们将得到加强,以确保符合既定的规范和标准;没有的州份将开发地区体育教师发展中心。

地区体育教师发展中心的地区体育教师发展官员将通过以下方式协助体育教师获得适当的发展机会:

第一,帮助体育教师在安全、无威胁的环境中进行自我评估(线上/或线下);

第二,协助体育教师评核结果,并确定适当的课程或计划,以应付评核所确定的需要;

第三,协助教师通过经南非教育委员会批准,申请从事这些课程;

第四,协助体育教师获得资助,以便注册必修课程。

4.建立专业学习社区,强化体育教师的专业精神

专业学习社区是为体育教师、学科顾问团体提供条件和必要支持的社区,以便共同参与确定自己的发展轨迹,并建立活动,将推动他们的发展。

各州、地区的体育教师组织、学科专业教师协会,以及体育教师,都是专业学习社区的主要参与者。

初始阶段的方案编制工作需要通过训练有素的人员提供投入,然而这些引导必须协助体育教师在可管理的时间框架内控制自己的发展。在地方资助一些已经存在的项目,以便能够发展和推广专业学习社区。

自我评估有助于体育教师确定自己需要改进的地方,参与适当的持续专业发展课程将是实现发展的一种方式,专业学习社区也将在这方面提供帮助。某些项目较弱的体育教师能使用专业学习社区内的专业知识来帮助解决困难。

专业学习社区能帮助体育教师将自己的专业知识与实践方面的知识相结合。

专业学习社区将允许体育教师团体参与各种活动，包括：

第一，发展评估的结果，分析学习者的专业知识，以确定体育教师自身的发展轨迹；

第二，课程导向活动，例如培养学生对课程及队政策的评价、认识及运用能力；

第三，学习如何解释和使用课程的材料，如基础教育部门目前正在开发和分发给体育教师的工作手册；

第四，一起学习实践录像和其他学习材料。

国家课程和专业发展研究所将通过发展有助于促进其工作的活动和材料来支持专业学习社区的工作。

地区体育教师发展中心能够作为当地专业学习社区中央会议场地，他们以充分的资源来支持专业学习社区活动。

三、由高等教育和培训部领导的工作

1.建立一个更大、能培养正式体育教师的教育系统

扩大和普及正规教师的教育制度，发展执业教师并产生足够数量的新体育教师，建立符合教育体制要求的专业化、有差异化的高素质体育教师队伍。

正规的体育教师教育资格评定于高等教育系统内，目前，这一制度没有产生足够的新体育教师来满足教育制度的需要，在某些时候这种缺乏会显得更加明显。目前的教育系统里需要更多的体育教师，也需要更好的体育教师：更多有能力在所有学校以及农村和偏远学校中教授的体育教师。培养基础阶段的体育教师已被确定为一个需要紧急干预的领域。然而，对于未来的实习体育教师来说，获得以资格为基础的教学机会是有限的。虽然许多大学现在都在培训体育教师，但各机构的能力范围、方案质量和相关性差别很大；此外，大学在职教师的持续专业发展上似乎比专门用于培训新体育教师的机构能力和资源要大得多。呼吁开放教育学院的部分原因是，自2000年以来，大学一直无法满足所有学科和阶段对新体育教师的需求。

必须优化和扩大目前提供体育教师教育与发展机构的能力，确定新的体育教师教育与发展的交付地点并为其提供资源。一般来说，使用体育教师教育与发展的设施需要变得更容易。同样重要的是，体育教师教育与发展现有的规模经济需要得到更好地利用，优化现有资源，通过集中而不是不必要地分散可用资源。

体育教师的素质也被认为是一个需要注意的领域。《教师教育资历最低要求政策》为所有教师教育资历制订定了标准，以配合高等教育资历架构的要求，并制订与体育教师需要的相关的具体标准。

为了应对这些挑战，所有正式的体育教师教育与发展课程认证的公立提供者将被纳入一个全国教师教育机构网络。这样做的目的是因应不同的需要，接纳更多及更好的体育教师，并特别考虑基础阶段和特殊需要教师。现有的大学将得到增强，为响应重新开放教育学院的号召，将在需要和适当的地方建立新的专门机构。体育教师教育与发展的方案将为课程和方案设计提供信息，并建立教学中心和专业实践学校，以确保有意义的工作综合学习，从而加强课程。

2.发展体育教师的知识和实践标准

制订最低要求的体育教师教育资格政策，以指导体育教师教育资格方案的设计和发展，该政策在一般水平上描述了所有体育教师教育资格课程都应达到的标准。体育教师的知识和实践标准描述了教师需要知道什么，能够做什么，以专业和有效地执行其核心职能。这些标准并不与某一特定学校的课程大纲相联系，它们与体育学科所需的学术和实践知识联系更紧密，如果体育教师满足了这些要求，他们就可以在特定的时间获得适当的课程，并在课程发生变化时有效地适应。另外，有必要为每个体育教师的专项知识制订更具体的体育教师知识和实践标准，以便指导这一级的方案设计。

第一，体育教师知识和实践标准的发展将采用分阶段的方法，首先确定优先事项，随后随着时间的推移，将这些课程扩大到专项活动中去。

第二，虽然高等教育和培训部将促进制订这些标准，但实际的制订工作将由体育教师教育领域和学科专家进行。

第三，基础教育部门的国家课程和专业发展研究所还将使用体育教师知识和实践标准，用于体育教师的自我评估，以及 1.2 中描述的内容丰富、教学完善的教师短期课程的开发。

3.优化、扩大体育教师教育机构的能力

第一，高等教育和培训部将与大学合作，以确保现有的体育教育资源得到最佳利用。

第二，现有机构的能力将得到扩展，特别是农村，将为现有机构确定新的体育教师教育与发展的交付地点并提供资源。高等教育和培训部会与高等教育委员会/高等教育质量委员会及有关院校合作，确保新课程的授课地点是获认可的，并确保新课程获得认可和保证。

第三，如果采取了上述两项措施，但仍然缺乏足够的院校资源来提供足够的新体育教师，则会在适当的情况下，建立新的院校。

4.建立省级体育教师教育委员会，告知公共教育学院的招生计划，以匹配体育教师教育与发展的目标

体育教师教育委员会将由高等教育和培训部建立。

这些委员会将就下列问题提供意见：

第一，制订培养新体育教师的目标，并通过资格培训方案培养现有体育教师。

第二，实现计划目标，需要做到配合体育教师教育机构的招生规划的周期；制订计划来解决国家的体育教师教育与发展问题。

第三，对高校招生规划、基础设施规划和经费筹措过程中的规划进行评价。

第四，在预算中为实现这些目标而分配的财政资源。

5.加强基础阶段体育教师的配备。（基础阶段指R–3年级）

第一，高等教育和培训部将与大学合作，加强基础阶段教师的培养。

第二，在未来四年，提供体育教师教育的院校将由13所增加至18所，以改善院校对体育教师的供应。

第三，体育教师的数量将通过为这类学生指定助学金来增加。

6.通过发展教学中心和专业实习学校，使教学实践和学校经验成为体育教师教育计划的组成部分

在教学中心，学生和教师可以从实践中学习，例如通过观察实践、参与微教学练习和参加学科方法论课程。专业实践学校是安排实习教师进行课程实践部分的地点，并且将延长实习教师学校的时间。

第一，高等教育和培训部将制订教学中心的标准，并与体育教师教育机构和教育部共同确定、提供资源和支持教学中心。

第二，教学中心将靠近每个体育教师教育机构，每个地点需要包括一个小学，一个中学。

第三，教学中心也可以作为学习研究中心，这可以反馈到体育教师教育与发展项目的发展。

第四，教学中心的工作人员将成为实习教师的导师，并针对他们的专项教授方法论课程。

第五，高等教育和培训部将制订专业实践学校的标准，并与体育教师教育机构和教育部门合作，不管它们的资源水平如何，都有可能成为专业实践学校。

第六，在专业实践学校，实习教师将参与到实践中的学习、准备、教学和反思课程，专业实践学校的教师将在培训中指导初级教师，确保他们在实践教学期间得到适当的支持和指导，随着时间的推移，我们将确定并支持足够的专业实践学校，以确保所有初级教师的教学质量。

第七，专业实践学校还将被用作专业学习社区发展的枢纽。

二、计划实施

该计划的成功实施至少有四项基本要求：加强各角色之间的协作、协调国家体育教师教育与发展体系、有足够的时间发展优秀体育教师和有足够的资金。以下各小节概述了如何解决这四项基本要求：在体育教师教育和发展方面的协作和协调；协调全国体育教师教育与发展体系；为优秀体育教师的教育和发展提供充足的时间；为优秀体育教师的教育和发展提供充足的资金。

1.在体育教师教育和发展方面的协作和协调

该计划的成功实施依赖于对其开发做出贡献的人和部门持续保持合作。鉴于已经成立了两个国家教育部门，而且体育教师教育和发展问题跨越了两个部门，这就显得更加重要。

第一，为了确保在体育教师教育和发展方面的协作连贯一致，将成立一个全国体育教师教育和发展委员会。

第二，全国体育教师教育和发展委员会将为整个系统的计划提供监管，并协助定期审查计划，确保以动态和连贯的方式满足体育教师教育发展需求。

2.协调全国体育教师教育与发展体系

该计划提出了南非体育教师教育和发展的单一成果，计划要成功执行最重要的是活动中提出的过程和结构要组成一个单一的、协调的系统，其中有多个角色参与者参与，而不是由不同的实体组成，不同的机构相互孤立地工作，或者相互冲突。

3.为优秀体育教师的教育和发展提供充足的时间

为了成功地执行该计划，必须为教师发展活动提供充分的时间，加强和提高筹资机制的效力。为了确保有时间发展体育教师，可以采取若干战略。

第一，体育教师参与专业学习社区和体育教师教育与发展的时间可安排到学年，具体来说，为教师发展安排的时间可以缩短教学前后两学期的上课时间，以尽量减少不必要的教学；调整学时融入学校的时间表。

第二，体育教师参加教学深度的持续专业进修短期课程或资格课程的时间可以包括：可能重新设立长期正式学习和任命代课教师（为此目的开发供应教师数据库）；在工作综合学习期间，当实习教师不在学校时，专业实践学校与其他学校之间保持联系，以便延长持续专业进修的机会。一旦系统全面运行，在任何时间都可以结合适当的指导和结构化的工作综合学习，以使大量的体育教师从工作中转移到发展中去。任何与服务体育教育工作相关的具体战略将由体育教育服务委员会协商。

4.为优秀体育教师的教育和发展提供充足的资金

这项计划的成功执行取决于有效利用系统中已有的资金,以及通过新的中期开支框架投标获得额外资金。

第一,为确保有效运用体育教师教育与发展的资金,我们会尽快改善及精简有关拨款,这些资金是通过国家向财政部招标获得的,目前已在省级基线中提供。

第二,教育部长理事会和教育部门委员会负责人的结构将有助于确保高效地利用财政资源,以优先解决已确定的事项。

第三,将审查利用在发展预算中,以便更有效地使用体育教师发展资金的机制。

第四,体育教师发展课程的大部分资金,会拨给加深体育教师专业知识的课程。

各机构与其协作伙伴负责筹措资金,使该计划得以充分执行。

三、教师教育与发展战略规划框架的战略规划图(2011—2025)

下文说明了随时间推移执行该计划的嵌套规划框架,分为 3 至 5 年规划周期,并提供了进行上述工作的细节。负责领导该活动的机构将为该计划制订详细的业务计划。

所有的活动即刻开始,并随着时间的推移而完成(现有预算资源将用于其中一些活动。其他项目将依赖于通过一系列国家中期技术框架招标获得的资金)。

1. 2011—2014 年度

第一,加强奖学金计划,体育教师的招聘翻一倍。

第二,建立国家课程和专业发展研究所。

第三,各州成立体育教师教育委员会。

第四,启动专业学习社区。

第五,建立能满足体育教师发展需要的系统。

第六,加强现有的教师教育机构建设。

2. 2011—2017 年度

第一,广泛建立专业学习社区。

第二,至少在基础阶段和中级阶段建立能满足体育教师发展需要的系统。

第三,各州均建立师资力量雄厚的州级教师发展机构。

第四,为体育教师和学科顾问提供有针对性的专业发展机会,将在 5 年内启动并推出,并将在接下来的 5 年内审其他项目的查实施情况。

第五,体育教师知识和实践标准得到发展。

3. 2011—2020 年度

第一，在需要的地方建立新的技术信息系统。

第二，为满足所有高级阶段课程、主要进修和培训课程的需要，扩展能满足体育教师发展需要的系统。

第三，所有体育教师教育机构的授课地点都建立教学中心。

4. 2011—2023 年度

第一，一些地区体育教师发展中心已经成立。

第二，能满足体育教师发展需要的系统已覆盖至各项目。

5. 2011—2025 年度

第一，成立资源充足的地区体育教师发展中心，为全国服务。

第二，在各区的培训中心周围建立专业实践学校网。

第五节　小结

教师教育是新时代教育强国建设的必要环节，而体育教师教育的主要目标是：提高体育教师队伍综合质量，发展学校体育，实现体育强国。为促进我国体育教师教育发展、适应国际环境变化，对国外体育教师教育的相关政策进行分析和总结，探索国外体育教师教育政策的主要规律，为我国体育教师教育发展提供经验借鉴。

通过对加拿大、澳大利亚、芬兰和南非四个国家体育教师教育发展的战略和政策进行梳理和对比发现：国际环境变化、科技进步和社会改革是体育教师教育发展的动力；政策干预是体育教师教育发展的手段；教育内容的创新是体育教师教育发展的要求。

加拿大政府针对教育内容的时效性和阶段性，设计了行动研究、网络 PD 项目、暑期学院等 38 种教育活动，优化了体育教师教育的内容。澳大利亚政府通过优质教师计划(AGQTP)对 21 世纪教学中体育教师的技能和知识体系做出规划和要求。芬兰政府定期调查体育教师发展的需求，旨在提高体育教师教育的参与度和创新度。南非政府建立地区体育教师发展中心和专业学习社区，以提高体育教师的教学质量。

我国存在体育教师的专业能力不足、体育教学效果质量不高的现象，既是体育教师教育发展面临的挑战，也是学校体育发展亟待解决的问题。未来体育教师教育的发展要注重：体育教师教育模式的多样性和内容的创新性；体育教师教育主体的个性化；政策对体育教师教育发展的作用；国际体育教师教育案例的借鉴与学习。

参 考 文 献

[1]尹志华,汪晓赞,Phillip Ward,季浏.体育教师教育研究的十大热点:基于2012年PETE大会以来的分析[J].北京体育大学学报,2016,39(10):89-100.

[2]万勇.关于教师地位的建议[J].全球教育展望,1984(04).

[3]崔红洁.改革开放以来我国教师教育政策研究[D].东北师范大学,2014.

[4]蒋晓丽.体育教师专业化与体育教师教育专业化研究[J].体育科技,2006(02):9-12.

[5]张文.山东省中学体育教师继续教育的现状及发展对策研究[D].曲阜师范大学,2010.

[6]屠丽琴.江苏省初中体育教师继续教育的现状调查与研究[D].扬州大学,2007.

[7]刘洪涛,毛丽红,杜和平,陶干臣,余智.关于构建我国体育教师教育政策体系的思考[J].运动,2016(18):1-2.

[8]李文静.中小学体育教师政策的内容分析[D].沈阳师范大学,2012.

[9]涂端午.教育政策文本分析及其应用[J].复旦教育论坛,2009,7(05):22-27.

[10]詹秀娣,郝勇."教师专业素养"视角下国家政策变迁述评——基于NVivo11的政策文本分析[J].中国电化教育,2018(10):71-78.

[11]李世雄.试论教师是一个永恒的范畴[J].教育教学论坛,2011(17):57-58.

[12]尹志华,汪晓赞,季浏.体育教师教育标准体系框架的构建及其内涵[J].上海体育学院学报,2016,40(01):79-84.

[13]国家教育委员会政策法规司.改革开放以来重要教育文献选编

[14]刘志华.改革开放以来中国竞技体育变迁与发展战略研究[J].运动精品,2019,38(10):119-121.

[15]北风.教育部批准20所全国重点建设职教师资培训基地[J].教育与职业,2000(02):54.

[16]李戎.教师教育改革与发展背景下的国家级教师教育基地建设问题探析[J].四川师范大学学报(社会科学版),2007(06):83-86.

[17]张文鹏.中国学校体育政策的发展与改革研究[D].华中师范大学,2015.

[18]黄威,孟卫青.英、美、法、德、日中小学校教师法律地位的比较[J].比较教育研究,2002(06):11-15.

[19]陈宝.我国大学体育政策的历史演进与现实思考(1949-2016)[D].华中师范大学,2018.

[20]王大磊.共和国中小学教师专业发展的政策研究[D].华东师范大学,2011.

[21]王蜻.改革开放以来我国农村体育政策的研究[D].上海体育学院,2011.

[22]汪益.改革开放以来我国学前教师政策研究[D].东北师范大学,2013.

[23]王赛先.新中国农村义务教育教师政策变迁研究[D].东北师范大学,2011.

[24]王崇喜.新中国学体育教师教育的演进路径与走向[A].中国体育科学学会(China Sport Science Society).2011第九届全国体育科学大会论文摘要汇编 (1)[C]. 中国体育科学学会 (China Sport Science

Society)：中国体育科学学会，2011：1.

[25]王崇喜，周坷，周艳丽.新中国体育教师教育的演进与未来走向[J].体育学刊，2012，19(04)：60-65.

[26]张细谦.试论体育教师继续教育的产生与发展[J].体育与科学，2000(02)：53-56.

[27]刘传进.中小学体育教师继续教育低效的原因及对策研究[J].继续教育研究，2008(10)：13-15.

[28]潘凌云，王健.构建教师专业共同体促进体育教师专业发展[J].武汉体育学院学报，2009，43(05)：91-95.

[29]董晶晶.山西省体育学科"国培计划"政策执行研究[D].山西师范大学，2013.

[30]李园园.改革开放以来中小学体育教师政策的嬗变研究[D].华中师范大学，2015.

[31]李洪川，许晓明，张雪霞，古维秋，许良.对近20年国家出台学校体育法规政策的梳理与思考[J].成都体育学院学报，2011，37(09)：1-5.

[32]蒋小丰.我国教育政策研究二十年(1985-2004)[D].湖南师范大学，2007.

[33]潘建芬，毛振明，牑雁飞.体育教师论[M].北京：北京体育大学出版化，2014.

[34]袁振国，教育政策学[M].南京化苏教育出版化，1996.

[35]吴遵民，乔卫丽.英美日三国对教育政策学内涵研究之探讨[7].外国中小学教育，2010(10)：1-5.

[36]朱春奎，刘宁雯，吴义欢.《国家中长期教育改革和发展规划纲要(2010-2020年)》的价值结构分析[7].复旦教育论坛，2011，9(05)：5-8.

[37]孙绵涛.教育政策学[M].北京：中国人民大学出版社，2011.

[38]孙绵涛.教育政策论——具有中国特色的社会主义教育政策研究[M].武汉：华中师范大学出版社，2002.

[39]何东昌.中华人民共和国重要教育文献(1976-1990)[G].海口：海南出版社，1998.

[40]何东昌.中华人民共和国重要教育文献(1998-2002)[G].海口：海南出版社，2003.

[41]何东昌.中华人民共和国重要教育文献(2003-2008)[G].北京：新世界出版社，2010.

[42]教育部法制办公室.中华人民共和国教育法律法规规章汇编(下)[G].上海：华东师范大学出版社，2010.

[43]陈永明.体育教师教育研究[M].上海：华东师范大学出版社，2003.

[44]范国睿.教育政策的理论与实践[M].上海：上海教育出版社，2011.

[45]王涛.基于文本分析的我国竞赛表演业政策研究[D].苏州大学，2016.

[46]张斓.湖北省高新技术产业政策研究(1978-2012)：政策文本分析视角[D].华中科技大学 2014.

[47]周峰.中小学体育教师教育政策分析[7].当代体育科技，2016，6(30)：117-118.

[48]郑代良.改革开放以来中国高新技术产业政策研究[D].华中科技大学，2011.

[49]张瑜.中美学校体育政策法规比较研究[D].湖南师范大学，2015.

[50]段子才.美国初始体育教师教育标准述评[J].北京体育大学学报，2010，33(8)：91-94.

[51]车旭升.美国体育教师教育方案评价体系及其特征研究[J].吉林体育大学学报，2012，28(6)：21-25.

[52]刘宁，刘静民，张威.改革开放以来我国学校体育政策、法规演变脉络之研究[J].体育科学，2009，29(12)：88-92.

[53]李洪川，许晓明，张雪霞等.近 20 年国家出台学校体育法规政策的梳理与思考[J].成都体育学院学报，2011，37(9)：1-5.

[54]李娜.师范生免费教育政策下的体育教师创新能力及其影响因素研究[D].华中师范大学，2014.

[55]张卫平.体育教师教育政策法规探析[J].普洱学院学报，2014，30(03)：77-80.

[56]闫建璋，王换芳.改革开放 40 年我国教师教育政策变迁分析[J].教师教育研究，2018，30(05)：7-13.

[57]谢文庆.改革开放 40 年我国教师教育政策的历史审视[J].泰山学院学报，2019，41(02)：55-61.

[58]崔照笛，茶世俊，靳伟，付钮.国培计划制度创建的价值因素探析——教育政策价值分析的视角[J].河北师范大学学报(教育科学版)，2019，21(01)：118-124.

[59]周坷.中学体育教师职业认同研究[D].河南大学，2010.

[60]田金华，白翠翠.我国体育教师教育的历史回顾与展望[J].山西大同大学学报(自然科学版)，2019，35(03)：76-78.

[61]刘洪涛.我国体育教师教育研究回顾与展望[J].吉林体育学院报，2016，32(04)：70-73.

[62]姚蕾.中国体育教师教育的回顾与展望[C].中国体育科学学会(China Sport Science Society).第九届全国体育科学大会论文摘要汇编(2).中国体育科学学会(China Sport Science Society)：中国体育科学学会，2011：263-264.

[63]宋会君.改革开放三十年体育教师教育变迁的专业化审视[J].中国学校体育，2009(06)：17-20.

[64]宋强.特殊教育体育教师专业化发展的教育政策导向研究[J].体育世界(学术版)，2014(08)：26-27.

[65]桑国强.专业化视域下我国特殊体育教师教育研究[D].福建师范大学，2016.

[66]李玫.西方政策网络理论研究[D].云南大学，2013.

[67]韦彩玲，杨臣.政策工具理论的研究状况及其在我国的应用前景——以国内外文献为研究对象[J].江西社会科学，2012(8)：6.

[68]黄红华.政策工具理论的兴起及其在中国的发展[J].社会科学，2010，000(004)：13-19.

[69]阮蓁蓁.多源流理论视阈下中国公共政策终结研究[D].吉林大学,2010.

[70]李玫.西方政策网络研究的发展与变迁——从分类到政策仿真[J].上海行政学院学报，2014，15(5)：58-67.

[71]罗新祜.美国高等教育绩效拨款政策的变迁——基于支持者联盟框架的分析[D].华中科技大学，2017.

[72]黄红华.统筹城乡就业中的政策工具选择与优化[D].浙江大学公共管理学院,2019.

[73]陈刚.奎德政策分析理论对我国政府决策科学化的启示[J].辽宁行政学院学报，2010，12(012)：22-24.

[74]霍海燕.论渐进决策模式对行政决策的影响[J].领导科学(11 期)：31-32.

[75]逯秋月.上海市居民体育服务型消费政策网络研究[D].东华大学，2014.

[76]郭燕芬.我国财政专项转移支付决策过程分析——以多源流分析为视角[J].安徽行政学院学报，2014，000(002)：23-26.

[77]湛中林. 交易成本视角下的政策工具研究[D]. 南京大学，2015.

[78]覃庆国. 我国高等教育本科教学质量标准的政策研究[D]. 电子科技大学,2014.

[79]张振宇. 高校教学改革政策的多源流分析:议程,方案与机制[J]. 国家教育行政学院学报,2016,221(05):36-41.

[80]崔红洁. 改革开放以来我国教师教育政策研究[D]. 东北师范大学,2014.

[81]杜智华. 我国教师教育政策价值取向研究[D]. 湖南师范大学,2010.

[82]朱文慧. 改革开放以来我国普通高中教师培训政策研究[D]. 华东师范大学,2014.

[83]李琴. 贵阳市校园足球试点县(区)校园足球发展策略 SWOT 分析[D]. 贵州师范大学,2019.

[84]崔乐泉. 中国校园足球发展的历史考察与经验启示[J]. 上海体育学院学报,2018,042(004):12-18.

[85]邹强. 中小学教师继续教育制度变迁分析——基于政策文本的研究[J]. 郑州师范教育,2014(1):8-11.

[86]蒋亦华. 新世纪我国乡村教师政策文本的多维审视[J]. 教育发展研究,2019,038(020):53-60.

[87]刘红熠. 政策辩论视角下"特岗计划"评估性研究[D]. 西南大学.

[88]王华倬,高飞. 新中国 70 年学校体育学发展回顾与展望[J]. 北京体育大学学报,2019(11):35-42.

[89]曹景文,商永林. 新时代就业指向下地方高校师范专业改革实践研究[J]. 教育文化论坛,2018,010(004):37-41.

[90]张晨曦. "国培计划"背景下中小学教师有效性培训策略研究[D]. 河南师范大学,2014.

[91]陈雁飞. 新中国成立 70 年来体育教师的培养政策与落地举措[J]. 中国学校体育,2019(10).

[92]丁红. 改革开放以来我国社区教育政策发展的梳理、评析及展望[J]. 教育与职业,2018,928(24):68-74.

[93]马运超,梁润东,苏荣海,等. 政策工具视角下中国体育科技政策改革:回顾与展望——基于1978—2018 年体育科技政策的文本分析[J]. 天津体育学院学报,2019(4).

[94]贾晨. 政策工具视角下《身体活动全球行动计划(2018-2030)》文本分析及对我国全民健身政策制订的启示[J]. 武汉体育学院学报,2019(8).

[95]郝大伟,崔建军,刘春华,等. 基于政策工具视角下的中国体育产业政策分析[J]. 武汉体育学院学报,2014,48(009):55-60.

[96]周红妹,林向阳. 地方政府推进体育产业发展的政策工具研究[J]. 天津体育学院学报,2016(5).

[97]周红妹,林向阳. 政策工具视角下地方政府对国家体育产业政策的再制订[J]. 上海体育学院学报,2017,41(003):9-16.

[98]周华. 专业化视域下中小学体育教师职后培训研究[D]. 上海师范大学,2015.

[99] 赵垣可,刘善槐. 新中国 70 年农村教师政策的演变与审思——基于 1949-2019 年农村教师政策文本的分析[J]. 西南大学学报(社会科学版),2019,045(005):14-23.

[100] 凌平. 中国竞技体育发展战略理论基础的回溯与思考[J]. 天津体育学院学报,1990(04):44-47.

[101] 韩金志, 李亚宁. 论如何转变体育教师观——基于专业主义视角 [J]. 当代体育科技,2019,9(06):68-69.

[102] 郑淞. 2007–2016 年国家学校体育文件分析[D]. 南京理工大学,2018.

[103] 李戎. 教师教育改革与发展背景下的国家级教师教育基地建设问题探析[J]. 四川师范大学学报(社会科学版),2007(06):83–86.

[104] 朱超. 国家治理视域下的体育治理体制改革研究[D]. 湖北大学,2016.

[105] GAN Jie,甘杰.《南非教师教育和发展综合战略计划框架:2011–2025》:背景,内容和评价[C].国际教师教育论坛. 中国联合国教科文组织全国委员会;华东师范大学,2012.

[106] 王姣. 基于核心素养的美国国家小学体育课程标准解析[D]. 河南大学,2019.

[107] 董国永,陈胜敏,王先茂,等. 我国体育教师评价标准的研究进展[J]. 武汉体育学院学报,2016,50(009):69–75.

[108] 尹志华. 中国体育教师专业标准体系的探索性研究[D]. 华东师范大学,2014.

附　　录

新时代我国体育教师教育政策的汇总

序号	发布日期	发布主体	主题	文本类型	标题	主体数量	专门性	相关性
1	1978年1月7日	国务院	体育教师队伍管理	意见、通知	关于加强中小学教师队伍管理工作的意见的通知	1		√
2	1978年4月14日	教育部 国家体委 卫生部	体育教师培养与进修	通知	关于加强学校体育、卫生工作的通知	3		√
3	1978年4月17日	教育部	体育教师培养与进修	通知	教育部关于恢复或建立教育学院或教师进修学院报批手续问题的通知	1		√
4	1978年7月8日	教育部	体育教师培养与进修	报告	国务院批转教育部《刘西尧同志在全国工作教育会议上的报告和总结》	1		√
5	1978年7月13日	国家体委	体育教师培养与进修	意见	关于认真办好体育学院的意见	1		√
6	1978年9月22日	教育部	体育教师培养与进修	条例、通知	教育部关于试行全日制中学暂行工作条例(试行草案)、全日制小学暂行工作条例(试行草案)的通知	1		√
7	1978年10月4日	教育部	体育教师培养与进修	条例、通知	关于讨论和试行全国重点高等学校暂行工作条例(试行草案)的通知	1		√

续表

序号	发布日期	发布主体	主题	文本类型	标题	主体数量	专门性	相关性
8	1978年10月12日	教育部	体育教师培养与进修	意见	关于加强和发展师范教育的意见	1		√
9	1979年10月5日	教育部 国家体委	体育教师培养与进修	规定、通知	关于试行高等学校体育工作暂行规定（试行草案）和中、小学体育工作暂行规定(试行草案)的通知(已废)	2		√
10	1980年7月10日	教育部	体育教师培养与进修	办法	全国重点高等学校接受进修教师工作暂行办法	1		√
11	1980年8月22日	教育部	体育教师培养与进修	规程	中等师范学校规程(试行)	1		√
12	1980年8月22日	教育部	体育教师培养与进修	意见、通知	关于进一步加强中小学在职教师培训工作的意见等三个文件的通知 附件一:关于进一步加强中小学在职教师培训工作的意见 附件二:教育部关于办好中等师范教育的意见 附件三:中等师范学校规程(试行草案)	1		√
13	1980年9月29日	教育部	体育教师培养与进修	通知	教育部关于师范教育的几个问题的请示报告的通知	1		√
14	1980年10月9日	教育部 国家民委	体育教师培养与进修	意见	教育部、国家民委关于加强民族教育工作的意见	2		√
15	1980年10月14日	教育部	体育教师培养与进修	通知	关于印发中等师范学校教学计划试行草案和幼儿师范学校教学计划试行草案的通知	1		√

续表

序号	发布日期	发布主体	主题	文本类型	标题	主体数量	专门性	相关性
16	1980年10月27日	教育部	体育教师培养与进修	意见	教育部关于大力办好高等师范专科学校的意见	1		√
17	1980年12月	教育部	体育教师培养与进修	计划	《高等师范院校体育专业教学计划》(试行草案)	1	√	
18	1981年8月11日	教育部 国家民委	综合性政策	报告	教育部、国家民委报送关于进一步加强民族教育工作的报告	2		√
19	1982年6月7日	教育部	体育教师培养与进修	计划、通知	关于试行中学教师进修高等师范专科、本科教学计划的通知	1		√
20	1982年8月20日	教育部	体育教师培养与进修	计划、通知	关于试行小学教师进修中等师范教学计划的通知(已废)	1		√
21	1982年10月21日	教育部	体育教师教育基地建设	规定、通知	关于《加强教育学院建设若干问题的暂行规定》的通知	1		√
22	1982年12月4日	全国人大	法律法规条例	法律	中华人民共和国宪法(2018修正)	1		√
23	1983年1月20日	教育部	体育教师培养与进修	意见	关于加强小学在职教师进修工作的意见(已废)	1		√
24	1983年6月30日	教育部	体育教师培养与进修	意见	关于中学在职教师进修大学本科课程有关问题的意见(已废)	1		√
25	1983年8月27日	教育部	综合性政策	纪要、通知	教育部关于印发《全国学校体育卫生工作会议纪要》的通知	1		√

续表

序号	发布日期	发布主体	主题	文本类型	标题	主体数量	专门性	相关性
26	1984年4月21日	教育部 国家计委 财政部	综合性政策	通知	关于在高等学校举办中等学校教师本科班和专科班的通知	3		√
27	1985年2月28日	教育部	体育教师培养与进修	通知	关于在高等学校举办中等学校教师本科班和专科班的补充通知	1		√
28	1985年5月27日	中共中央	体育改革与发展规划	决定	关于教育体制改革的决定	1		√
29	1986年2月21日	原国家教委	体育教师培养与进修	意见	关于加强在职中小学教师培训工作的意见	1		√
30	1986年2月27日	原国家教委	体育教师队伍管理	意见	关于加强中、小学体育师资队伍建设的意见	1	√	
31	1986年3月10日	原国家教委	体育教师培养与进修	规划、意见	关于基础教育师资和师范教育规划的意见	1		√
32	1986年3月26日	教育部	体育教师培养与进修	意见、通知	关于加强和发展师范教育意见的通知	1		√
33	1986年4月12日	全国人常委会	法律法规条例	法律	中华人民共和国义务教育法	1		√
34	1986年9月6日	原国家教委	体育教师资格与规范	办法、通知	关于印发《中、小学教师考核合格证书试行办法》的通知	1		√
35	1986年9月11日	原国家教委 国家计委 财政部 劳动人事部	体育教师培养与进修	意见、通知	国务院办公厅转发原国家教委等部门关于实施《义务教育法》若干问题意见的通知	4		√

续表

序号	发布日期	发布主体	主题	文本类型	标题	主体数量	专门性	相关性
36	1986年10月	原国家教委	体育教师培养与进修	方案	《高师体育专业教学计划试点改革方案》(讨论稿)	1	√	
37	1986年12月21日	原国家教委	体育教师培养与进修	意见	关于加强在职中、小学教师培训工作的意见	1		√
38	1988年11月14日	原国家教委	体育教师培养与进修		全国普通高等学校体育本科专业目录	1		√
39	1988年11月16日	原国家教委	体育教师培养与进修	计划、通知	关于颁发《中等特殊教育师范学校教学计划(试行)》的通知	1		√
40	1989年1月31日	原国家教委	体育教师资格与规范	意见	关于继续做好中小学教师考核合格证书试行工作的意见			√
41	1989年6月21日	原国家教委	体育教师培养与进修	方案、通知	国家教育委员会关于颁发《三年制中等师范学校教学方案(试行)》的通知	1		√
42	1989年9月14日	原国家教委	体育教师培养与进修	办法	电视师范教育管理办法(试行)	1		√
43	1990年3月2日	原国家教委	体育教师培养与进修	意见	关于当前师范专科学科工作的几点意见	1		√
44	1990年3月12日	原国家教委 国家体委	体育教师培养与进修	条例	学校体育工作条例(2017/3/1修订)	1		√
45	1990年6月7日	原国家教委	体育教师培养与进修	计划、通知	关于印发中学教师进修高等师范专科12个专业教学计划的通知	1		√
46	1990年12月1日	原国家教委	体育教师培养与进修	纪要	全国中小学教师继续教育工作座谈会会议纪要			√

续表

序号	发布日期	发布主体	主题	文本类型	标题	主体数量	专门性	相关性
47	1991年6月27日	原国家教委	体育教师培养与进修	计划、通知	关于印发《普通高等学校本科体育教育专业教学计划》的通知	1	√	
48	1991年12月3日	原国家教委	体育教师培养与进修	意见	关于开展小学教师继续教育的意见	1		√
49	1992年	原国家教委	体育教师培养与进修	要求	普通高等学校本科体育教育专业十一门课程基本要求(有书)		√	
50	1992年4月2日	原国家教委	体育教师培养与进修	意见、通知	关于印发《全国高等师范学校师资培训“八五”计划要点》和《关于加强各级高师(高校)师资培训中心建设的意见》的通知	1		√
51	1992年5月19日	原国家教委	体育教师培养与进修	意见	关于加快中学教师学历培训步伐的意见	1		√
52	1992年8月6日	原国家教委 国家计委 人事部 财政部	体育教师培养与进修	意见	关于进一步改善民办教师工作若干问题的意见	4		√
53	1993年1月12日	原国家教委	体育改革与发展规划	意见、通知	关于加快改革和积极发展普通高等教育意见的通知	1		√
54	1993年2月13日	中共中央 国务院	体育改革与发展规划	纲要	中国教育改革和发展纲要	2		√
55	1993年5月24日	国家体委	体育改革与发展规划	意见	关于深化体育改革的意见	1		√

续表

序号	发布日期	发布主体	主题	文本类型	标题	主体数量	专门性	相关性
56	1993年7月26日	原国家教委	体育教师培养与进修	意见、通知	关于印发《关于加强小学骨干教师培训工作的意见》的通知	1		√
57	1993年7月27日	原国家教委	体育教师培养与进修	意见、通知	关于印发《关于加强高师函授、卫星电视教育、自学考试相沟通培训中学教师教学和管理工作的意见》的通知	1		√
58	1993年10月31日	主席令	法律法规条例	法律	中华人民共和国教师法	1		√
59	1994年1月14日	原国家教委办公厅	体育教师培养与进修	纪要	全国师范专科学校面向农村，深入改革座谈会纪要			√
60	1994年7月3日	国务院	体育改革与发展规划	纲要、意见	关于《中国教育改革和发展纲要》的实施意见	1		√
61	1994年11月14日	原国家教委	体育教师培养与进修	意见、通知	关于印发《关于开展小学新教师试用期培训的意见》的通知	1		√
62	1995年3月18日	全国人大	法律法规条例	法律	中华人民共和国教育法	1		√
63	1995年8月29日	全国人大常委会	法律法规条例	法律	中华人民共和国体育法	1		√
64	1995年12月12日	国务院	体育教师资格与规范	条例	教师资格条例	1		√
65	1996年4月8日	教育部	体育教师培养与进修	规程	高等学校教师培训工作规程	1		√
66	1996年4月10日	教育部	体育改革与发展规划	规划	全国教育事业“九五”计划和2010年发展规划			√

续表

序号	发布日期	发布主体	主题	文本类型	标题	主体数量	专门性	相关性
67	1996年5月15日	人大常委会	法律法规条例	法律	中华人民共和国职业教育法	1		√
68	1996年11月25日	国务院办公厅	体育改革与发展规划	意见、通知	关于深化改革加快发展县级体育事业意见的通知	1		√
69	1996年12月5日	原国家教委	体育改革与发展规划	意见、通知	关于印发《关于师范教育改革和发展的若干意见》的通知	1		√
70	1996年12月31日	原国家教委	体育教师队伍管理	意见	关于“九五”期间加强中小学教师队伍建设的意见	1		√
71	1997年1月31日	原国家教委	体育教师培养与进修	细则	高等学校教师岗前培训暂行细则	1		√
72	1997年8月7日	原国家教委 全国教育工会	体育教师资格与规范	规范	中小学教师职业道德规范	2		√
73	1997年9月24日	原国家教委	体育教师队伍管理	意见	关于加强中等职业学校教师队伍建设的意见	1		√
74	1997年	原国家教委	体育教师培养与进修	方案	全国普通高等学校体育教育专业本科专业课程方案	1	√	
75	1998年1月7日	原国家教委办公厅	体育教师培养与进修	纲要、通知	关于印发《普通高等学校体育教育专业九门主干课程教学指导纲要》的通知	1	√	
76	1998年2月23日	原国家教委	体育教师培养与进修	纪要、通知	关于印发《全国中小学实践教学和应用现代教育技术现场会会议纪要》的通知	1		√

续表

序号	发布日期	发布主体	主题	文本类型	标题	主体数量	专门性	相关性
77	1998年2月23日	原国家教委	综合性政策	纪要	全国学校体育卫生国防教育工作会议纪要	1		√
78	1998年5月5日	教育部师范司	体育教师培养与进修	计划	三年制中等师范学校课程计划(试行)节录	1		√
79	1998年5月5日	教育部师范司关	体育教师资格与规范	规范、通知	关于颁发《中等师范学校德育大纲(试行)》和《中等师范学校学生行为规范(试行)》的通知	1		√
80	1998年5月8日	教育部师范教育司	体育教师培养与进修	意见	关于加强中小学教师继续教育区域性实验工作的几点意见	1		√
81	1998年8月10日	教育部办公厅	体育教师队伍管理	通知	关于当前加强教师队伍管理的通知	1		√
82	1998年8月29日	全国人大常委会	法律法规条例	法律	中华人民共和国高等教育法	1		√
83	1998年11月27日	全国人大教科文卫委员会 教育部 司法部	法律法规条例	通知	关于学习宣传和贯彻实施《中华人民共和国高等教育法》的通知	3		√
84	1998年12月24日	教育部	体育改革与发展规划	计划	面向21世纪教育振兴行动计划	1		√
85	1999年1月13日	教育部	体育改革与发展规划	计划、通知	国务院批转教育部面向21世纪教育振兴行动计划的通知	1		√
86	1999年2月24日	教育部	体育改革与发展规划	计划、通知	关于学习宣传和全面贯彻面向21世纪教育振兴行动计划的通知	1		√

续表

序号	发布日期	发布主体	主题	文本类型	标题	主体数量	专门性	相关性
87	1999年3月12日	国家体委	体育教师培养与进修	条例	学校体育工作条例	1		√
88	1999年3月16日	教育部	体育教师培养与进修	意见	关于师范院校布局结构调整的几点意见	1		√
89	1999年5月25日	教育部	法律法规条例	意见	关于实施《中华人民共和国高等教育法》若干问题的意见	1		√
90	1999年6月13日	中共中央 国务院	体育改革与发展规划	决定	关于深化教育改革全面推进素质教育的决定	2		√
91	1999年6月22日	教育部	体育改革与发展规划	决定、通知	关于学习贯彻全国教育工作会议精神和《中共中央、国务院关于深化教育改革全面推进素质教育的决定》的通知	1		√
92	1999年6月22日	教育部办公厅	体育教师培养与进修	方案	在全国开展中小学教师在职培训优秀教学活动展播的方案	1		√
93	1999年8月16日	教育部	体育教师队伍管理	意见、通知	关于印发《关于新时期加强高等学校教师队伍建设的意见》的通知	1		√
94	1999年9月13日	教育部	体育教师培养与进修	规定	中小学教师继续教育规定	1		√
95	1999年10月14日	教育部	体育教师队伍管理	办法、通知	关于印发《高等学校骨干教师资助计划》及其实施管理办法的通知	1		√
96	1999年10月15日	教育部	体育教师培养与进修	计划	21世纪民族贫困地区中小学教师综合素质培养计划	1		√

续表

序号	发布日期	发布主体	主题	文本类型	标题	主体数量	专门性	相关性
97	1999年11月18日	教育部师范司	体育教师培养与进修	计划、通知	关于印发《中学教师进修高等师范本科专科起点教学计划》(试行)的通知	1		√
98	1999年12月2日	教育部	综合性政策	意见	关于加强教育法制建设的意见	1		√
99	1999年12月30日	教育部办公厅	综合性政策	纪要	全国学校体育卫生工作经验交流会会议纪要	3		√
100	2000年1月12日	教育部 财政部	体育教师培养与进修	通知	关于做好中小学骨干教师进行国家级培训工作的通知	1		√
101	2000年1月26日	教育部	体育教师资格与规范	意见	关于进一步加强和改进中等师范学校德育工作的几点意见	1		√
102	2000年3月6日	教育部	体育教师培养与进修	方案	中小学教师继续教育工程方案(1999—2002年)	1		√
103	2000年5月16日	教育部 全国教育工会关	体育教师资格与规范	规范、通知	关于印发《中等职业学校教师职业道德规范》试行的通知	1		√
104	2000年5月29日	教育部师范司	体育教师培养与进修	意见	中小学教师信息技术培训指导意见	1		√
105	2000年5月30日	教育部 国务院学位委员会	体育教师培养与进修	通知	关于开展中等职业学校教师在职攻读硕士学位工作的通知	2		√
106	2000年8月15日	教育部	体育教师资格与规范	意见、通知	关于印发《关于加强中小学教师职业道德建设的若干意见》的通知	1		√

续表

序号	发布日期	发布主体	主题	文本类型	标题	主体数量	专门性	相关性
107	2000 年 8 月 18 日	教育部	体育教师教育基地建设	意见、通知	关于印发《关于进一步加强中等职业教育师资培训基地建设的意见》的通知	1		√
108	2000 年 9 月 23 日	教育部	体育教师资格与规范	条例、办法	《教师资格条例》实施办法	1		√
109	2000 年 12 月 15 日	国家体育总局	体育改革与发展规划	纲要、通知	国家体育总局关于印发《2001—2010 年体育改革与发展纲要》的通知	1		√
110	2001 年 2 月 22 日	教育部办公厅	体育教师培养与进修	通知	关于印发《关于检查辽宁等七省(自治区)实施“中小学教师继续教育工程”情况的通报》的通知	1		√
111	2001 年 2 月 23 日	教育部办公厅	体育教师培养与进修	意见	关于积极配合和推动基础教育课程改革进一步加强和改进教师培养培训工作的几点意见	1		√
112	2001 年 5 月 14 日	教育部	体育教师资格与规范	意见、通知	关于印发《关于首次认定教师资格工作若干问题的意见》的通知	1		√
113	2001 年 5 月 29 日	国务院	体育改革与发展规划	决定	国务院关于基础教育改革与发展的决定	1		√
114	2001 年 6 月 8 日	教育部	体育改革与发展规划	纲要、通知	关于印发《基础教育课程改革纲要(试行)》的通知	1		√
115	2001 年 6 月 15 日	教育部	体育改革与发展规划	决定、通知	关于学习贯彻《国务院关于基础教育改革与发展的决定》的通知	1		√
116	2001 年 7 月 26 日	教育部	体育改革与发展规划	计划	全国教育事业第十个五年计划	1		√

续表

序号	发布日期	发布主体	主题	文本类型	标题	主体数量	专门性	相关性
117	2001年8月3日	教育部办公厅	体育教师教育基地建设	意见	教育部办公厅关于建设国家体育与艺术师资培养培训基地的意见	1	√	
118	2001年8月8日	教育部	体育教师资格与规范	规定	教师资格证书管理规定	1		√
119	2001年8月28日	教育部	综合性政策	意见	关于加强高等学校本科教学工作提高教学质量的若干意见	1		√
120	2001年10月17日	教育部	体育教师培养与进修	通知	关于开展基础教育新课程师资培训工作的通知	1		√
121	2001年11月21日	教育部	体育教师队伍管理	意见	关于“十五”期间加强中等职业学校教师队伍建设的意见	1		√
122	2002年1月8日	教育部办公厅	体育教师教育基地建设	通知	关于建立国家体育与艺术师资培养培训基地的通知	1	√	
123	2002年3月1日	教育部	综合性政策	意见	关于推进教师教育信息化建设的意见	1		√
124	2002年3月1日	教育部	体育改革与发展规划	意见	关于“十五”期间教师教育改革和发展的意见	1		√
125	2002年3月1日	教育部	体育改革与发展规划	意见	关于加强县级教师培训机构建设的指导意见	1		√
126	2002年5月7日	中共中央办公厅 国务院办公厅	体育改革与发展规划	纲要、通知	关于印发2002—2005年全国人才队伍建设规划纲要的通知	2		√

续表

序号	发布日期	发布主体	主题	文本类型	标题	主体数量	专门性	相关性
127	2002年6月26日	教育部	体育教师培养与进修	意见	关于加强农村学校体育卫生工作的几点意见	1		√
128	2002年7月7日	国务院	体育改革与发展规划	决定	关于深化改革加快发展民族教育的决定	1		√
129	2002年7月22日	国务院	综合性政策	意见	关于进一步加强和改进新时期体育工作的意见	1		√
130	2002年9月10日	教育部	体育教师培养与进修	意见	关于加强专科以上学历小学教师培养工作的几点意见	1		√
131	2002年9月16日	教育部师范教育司	综合性政策	通知	关于师范院校学习贯彻江泽民总书记在庆祝北京师范大学建校一百周年大会上的讲话精神的通知	1		√
132	2002年9月24日	教育部	体育改革与发展规划	决定、通知	关于学习贯彻《国务院关于大力推进职业教育改革与发展的决定》和全国职业教育工作会议精神的通知	1		√
133	2002年11月18日	体育总局	体育教师资格与规范	意见	关于加强体育道德建设的意见	1		√
134	2002年	教育部	体育教师队伍管理	意见	关于加强高职高专院校师资队伍建设的意见	1		√

续表

序号	发布日期	发布主体	主题	文本类型	标题	主体数量	专门性	相关性
135	2003年3月4日	教育部 中央编办 国家计委 民政部 财政部 劳动保障部 建设部 卫生部 国务院妇儿工委 全国妇联	体育改革与发展规划	意见	关于幼儿教育改革与发展的指导意见	10		√
136	2003年3月17日	教育部 国务院学位委员会	体育教师培养与进修	通知	关于开展高等学校在职攻读硕士学位工作的通知	2		√
137	2003年3月27日	教育部 财政部	体育教师培养与进修	办法	第二期国家贫困地区义务教育工程校长和教师培训项目实施管理方法	2		√
138	2003年6月19日	教育部	体育教师培养与进修	方案、通知	关于印发《全国普通高等学校体育教育本科专业课程方案》的通知	1	√	
139	2003年9月4日	教育部	综合性政策	计划、意见	关于实施全国教师教育网络联盟计划的指导意见	1		√
140	2003年10月21日	教育部	体育教师资格与规范	通知	关于进一步加强中小学教师队伍管理和职业道德教育的通知	1		√

续表

序号	发布日期	发布主体	主题	文本类型	标题	主体数量	专门性	相关性
141	2004年2月1日	教育部	体育教师培养与进修	意见	关于进一步加强基础教育新课程师资培训工作的指导意见	1		√
142	2004年2月5日	教育部	体育教师培养与进修	意见、通知	教育部办公厅关于转发《中央广播电视大学关于广播电视大学进一步面向农村开展现代远程教育的若干意见》的通知	1		√
143	2004年3月3日	国务院 教育部	体育改革与发展规划	计划	国务院批转教育部2003—2007年教育振兴行动计划的通知	2		√
144	2004年3月5日	国务院	法律法规条例	条例	中华人民共和国民办教育促进法实施条例	1		√
145	2004年4月7日	教育部	体育教师培养与进修	通知	关于做好为农村高中培养教育硕士师资工作的通知	1		√
146	2004年4月12日	教育部师范教育司	综合性政策	通知	关于下达教师教育标准研究课题任务书的通知	1		√
147	2004年6月10日	教育部	体育教师培养与进修	通知	教育部关于印发《高等学校“高层次创造性人才”实施计划》和有关实施办法的通知	1		√
148	2004年9月7日	教育部	体育教师培养与进修	意见	关于加快推进全国教师教育网络联盟计划组织实施新一轮中小学教师全员培训的意见	1		√
149	2004年9月23日	教育部 国务院西部开发办	育改革与发展规划	规划	2004—2010年西部地区教育事业发展规划	2		√

续表

序号	发布日期	发布主体	主题	文本类型	标题	主体数量	专门性	相关性
150	2004年9月29日	教育部办公厅	体育教师培养与进修	纲要、通知	关于印发《普通高等学校体育教育本科专业各类主干课程教学指导纲要》的通知	1	√	
151	2004年11月8日	教育部	综合性政策	通知	教育部关于保证中小学体育课课时的通知	1		√
152	2004年11月12日	教育部	体育教师培养与进修	计划、通知	关于启动新一轮民族、贫困地区中小学教师综合素质培训项目暨新课程师资培训计划(2004—2008年)的通知	1		√
153	2004年12月15日	教育部	体育教师资格与规范	标准	中小学教师教育技术能力标准(试行)	1		√
154	2005年1月13日	教育部	体育教师资格与规范	意见	关于进一步加强和改进师德建设的意见	1		√
155	2005年3月14日	教育部	体育教师培养与进修	通知	关于规范小学和幼儿园教师培养工作的通知	1		√
156	2005年3月15日	教育部办公厅	体育教师培养与进修	意见	关于全面推进农村中小学现代远程教育三种模式应用的指导意见	1		√
157	2005年4月4日	教育部	体育教师培养与进修	计划、通知	关于启动实施全国中小学教师教育技术能力建设计划的通知	1		√
158	2005年4月25日	教育部	综合性政策	意见	关于进一步加强高等学校体育工作的意见	1		√
159	2005年5月25日	教育部	体育教师培养与进修	意见	教育部关于进一步推进义务教育均衡发展的若干意见	1		√
160	2005年7月14日	教育部	体育教师培养与进修	通知	关于印发《中小学教学人员(初级)教育技术能力培训大纲》的通知	1		√

续表

序号	发布日期	发布主体	主题	文本类型	标题	主体数量	专门性	相关性
161	2005年10月17日	教育部	体育教师培养与进修	意见、通知	关于实施教师网联计划进一步加强和改进教师教育工作的意见(试行)的通知	1		√
162	2006年2月26日	教育部	体育教师培养与进修	意见	关于大力推进城镇教师支援农村教育工作的意见	1		√
163	2006年3月2日	教育部	体育教师培养与进修	通知	关于做好2006年为农村学校培养教育硕士师资工作的通知	1		√
164	2006年4月29日	教育部办公厅	体育教师教育基地建设	通知	关于通报表彰全国县级教师培训机构的通知	1		√
165	2006年5月15日	教育部 财政部 人事部 中央编办	体育教师队伍管理	计划、通知	关于实施农村义务教育阶段学校教师特设岗位计划的通知	4		√
166	2006年6月29日	全国人大常委会	法律法规条例	法律	中华人民共和国义务教育法	1		√
167	2006年7月11日	国家体育总局	体育改革与发展规划	规划	《体育事业“十一五”规划》	1		√
168	2006年11月7日	体育总局 教育部	体育改革与发展规划	意见、通知	关于印发《关于进一步推动体育职业教育改革与发展的意见》的通知	2		√
169	2006年12月20日	教育部 体育总局	体育教师培养与进修	意见	关于进一步加强学校体育工作，切实提高学生健康素质的意见	2		√

续表

序号	发布日期	发布主体	主题	文本类型	标题	主体数量	专门性	相关性
170	2006年12月26日	教育部 财政部	体育教师培养与进修	计划、意见	关于实施中等学校教师素质提高计划的意见	2		√
171	2007年5月9日	国务院 教育部 财政部 中央编办 人事部	体育教师培养与进修	办法	教育部直属师范大学师范生免费教育实施办法(试行)	5		√
172	2007年5月18日	国务院 教育部	体育改革与发展规划	纲要、通知	国务院批转教育部国家教育事业发展“十一五”规划纲要的通知	2		√
173	2007年5月23日	教育部 财政部	体育教师培养与进修	意见	关于组织实施中等职业学校专业骨干教师培训工作的指导意见	2		√
174	2007年7月5日	教育部	体育教师培养与进修	意见	关于大力推进师范生实习支教工作的意见	1		√
175	2007年7月6日	教育部	体育教师培养与进修	计划、通知	关于组织实施2007年教育部援助西藏中小学教师培训计划的通知	1		√
176	2007年8月28日	教育部办公厅	综合性政策	通知	关于在新学年贯彻落实中央7号文件精神切实加强学校体育工作的通知	1		√
177	2007年9月21日	财务部 教育部	综合性政策	办法	中等职业学校教师素质提高计划专项资金管理暂行办法	2		√
178	2008年1月30日	教育部	体育教师队伍管理	通知	关于做好2008年农村义务教育阶段学校教师特设岗位计划工作的通知	1		√

续表

序号	发布日期	发布主体	主题	文本类型	标题	主体数量	专门性	相关性
179	2008年2月13日	教育部办公厅转发	体育改革与发展规划	纲要	中央广播大学"十一五"发展规划纲要	1		√
180	2008年4月2日	教育部	体育教师培养与进修	计划、通知	关于《2008年中小学教师国家级培训计划》的通知	1		√
181	2008年6月17日	教育部	体育教师培养与进修	通知	关于组织实施西部初中骨干体育教师国家级培训的通知	1	√	
182	2008年6月30日	教育部	体育教师培养与进修	通知	关于组织实施2008年暑期中西部农村义务教育学校教师国家级远程培训的通知	1		√
183	2008年7月14日	教育部	体育教师培养与进修	计划	援助地震灾区中小学教师培训计划	1		√
184	2008年9月1日	教育部 中国教科文卫体工会全国委员会	体育教师资格与规范	规范、通知	关于重新修订和印发《中小学教师职业道德规范》的通知	2		√
185	2008年12月13日	教育部	体育改革与发展规划	意见	关于进一步深化中等职业教育教学改革的若干意见	1		√
186	2009年2月23日	教育部 财政部 人力资源社会保障部 中央编办	体育教师队伍管理	计划、通知	关于继续组织实施"农村义务教育阶段学校教师特设岗位计划"的通知	4		√

续表

序号	发布日期	发布主体	主题	文本类型	标题	主体数量	专门性	专门性
187	2009年3月20日	教育部办公厅	体育教师队伍管理	通知	关于做好2009年“农村义务教育阶段学校教师特设岗位计划”实施工作的通知	1		√
188	2009年6月30日	教育部	体育教师培养与进修	计划、通知	关于组织实施2009年中西部农村义务教育学校教师远程培训计划的通知	1		√
189	2009年7月7日	教育部	体育教师培养与进修	计划、通知	关于印发《2009年中小学教师国家级培训计划》的通知	1		√
190	2009年7月15日	教育部	体育教师培养与进修	通知	关于组织实施中西部中小学体育、艺术骨干教师国家级培训的通知	1	√	
191	2009年8月10日	教育部	体育教师培养与进修	通知	关于组织实施2009年中西部地区中小学骨干教师培训项目的通知	1		√
192	2009年9月25日	教育部	体育教师培养与进修	通知	关于做好2010年“农村学校教育硕士师资培养计划”实施工作的通知	1		√
193	2010年4月27日	教育部	体育教师培养与进修	方案、通知	关于印发《2010年中小学教师国家级培训计划——示范性项目实施方案》的通知	1		√
194	2010年5月4日	教育部办公厅	体育教师培养与进修	通知	《关于组织实施“国培计划——2010年普通高中课改实验省教师远程培训项目”的通知》	1		√
195	2010年5月31日	教育部办公厅	体育教师培养与进修	通知	《关于组织实施“国培计划——2010年中小学骨干教师研修项目”的通知》	1		√

续表

序号	发布日期	发布主体	主题	文本类型	标题	主体数量	专门性	相关性
196	2010年5月31日	教育部办公厅	体育教师培养与进修	通知	《关于组织实施“国培计划2010年农村义务教育学校教师远程培训项目”的通知》	1		√
197	2010年6月11日	教育部 财政部	体育教师培养与进修	计划、通知	关于实施“中小学教师国家级培训计划”的通知	2		√
198	2010年7月2日	教育部	体育教师培养与进修	通知	关于组织实施“国培计划——2010年中小学体育艺术骨干教师培训项目”的通知	1	√	
199	2010年7月16日	教育部	体育改革与发展规划	纲要、通知	教育部关于认真学习贯彻全国教育工作会议精神全面实施教育改革和发展规划纲要的通知	1		√
200	2010年7月20日	教育部	体育教师培养与进修	通知	关于召开全国中小学教师培训暨“国培计划”启动实施工作会议的通知	1		√
201	2010年7月29日	国家中长期教育改革和发展规划纲要工作小组办公室	体育改革与发展规划	纲要	国家中长期教育改革和发展规划纲要(2010—2020年)	3		√
202	2010年10月24日	国务院	体育改革与发展规划	通知	关于开展国家教育体制改革试点的通知	1		√
203	2010年11月21日	国务院	体育教师培养与进修	意见	关于当前发展学前教育的若干意见	1		√
204	2010年11月27日	教育部	体育改革与发展规划	计划、通知	教育部关于印发《中等职业教育改革创新行动计划(2010—2012年)》的通知	1		√

续表

序号	发布日期	发布主体	主题	文本类型	标题	主体数量	专门性	专门性
205	2011年1月4日	教育部	体育教师培养与进修	意见	关于大力加强中小学教师培训工作的意见	1		√
206	2011年1月14日	教育部	改革与发展规划	规划、通知	关于印发《全国教育人才发展中长期规划(2010—2020年)》的通知	1		√
207	2011年1月26日	教育部高等教育司	体育教师培养与进修	计划、通知	关于公布2011年上半年高校教师网络培训计划的通知	1		√
208	2011年3月4日	教育部办公厅 财政部办公厅	体育教师队伍管理	通知	关于做好2011年农村义务教育阶段学校教师特设岗位计划有关实施工作的通知	2		√
209	2011年3月18日	教育部高等教育司	体育教师培养与进修	通知	关于组织实施2011年高等学校青年骨干教师高级研修班项目的通知	1		√
210	2011年4月26日	教育部	综合性政策	通知	教育部办公厅关于在义务教育阶段中小学实施“体育、艺术2+1项目”的通知	1		√
211	2011年5月24日	教育部 财政部	体育教师培养与进修	通知	关于做好2011年“中小学教师国家级培训计划”实施工作的通知	2		√
212	2011年6月23日	教育部	改革与发展规划	意见	教育部关于充分发挥行业指导作用推进职业教育改革发展的意见	1		√
213	2011年7月1日	教育部 财政部	改革与发展规划	意见	关于“十二五”期间实施“高等学校本科教学质量与教学改革工程”的意见	2		√
214	2011年8月18日	教育部	体育教师培养与进修	通知	关于组织实施“国培计划(2011)”—县级教师培训机构培训者远程培训项目的通知	1		√

续表

序号	发布日期	发布主体	主题	文本类型	标题	主体数量	专门性	相关性
215	2011年8月30日	教育部	综合性政策	意见	教育部关于推进中等和高等职业教育协调发展的指导意见	1		√
216	2011年9月5日	教育部 财政部	体育教师培养与进修	计划、通知	关于实施幼儿教师国家级培训计划的通知	2		√
217	2011年9月29日	教育部	改革与发展规划	意见	关于推进高等职业教育改革创新引领职业教育科学发展的若干意见	1		√
218	2011年10月8日	教育部	改革与发展规划	意见	关于大力推进教师教育课程改革的意见	1		√
220	2011年10月28日	教育部	体育教师教育基地建设	通知	关于公布全国重点建设职业教育师资培养培训基地、全国职业教育师资专业技能培训示范单位评估合格名单的通知	1		√
221	2011年11月21日	教育部	体育教师培养与进修	通知	关于做好2011年特岗教师在职攻读教育硕士工作的通知	1		√
222	2011年12月13日	教育部	体育教师资格与规范	标准	中学教师专业标准	1		√
223	2011年12月23日	教育部 中国教科文卫体工会全国委员会	体育教师资格与规范	规范、通知	关于印发《高等学校教师职业道德规范》的通知	2		√
224	2011年12月24日	教育部	体育教师培养与进修	意见	教育部关于进一步完善职业教育教师培养培训制度的意见	1		√

续表

序号	发布日期	发布主体	主题	文本类型	标题	专门性	专门性	专门性
225	2011年12月24日	教育部	体育教师队伍管理	意见	教育部关于“十二五”期间加强中等职业学校教师队伍建设的意见	1		√
226	2012年1月7日	国务院 教育部 财政部 人力资源社会保障部 中央编办	体育教师培养与进修	意见、通知	国务院办公厅转发教育部等部门关于完善和推进师范生免费教育意见的通知	5		√
227	2012年2月10日	教育部	体育教师资格与规范	标准、通知	关于印发《幼儿园教师专业标准（试行)》《小学教师专业标准(试行)》和《中学教师专业标准(试行)》的通知	1		√
228	2012年4月16日	教育部	综合性政策	意见	教育部关于推进新疆中等职业教育发展的意见	1		√
229	2012年5月14日	教育部 财政部	体育教师队伍管理	通知	关于做好2012年农村义务教育阶段学校教师特设岗位计划有关实施工作的通知	2		√
230	2012年5月17日	教育部 财政部	体育教师培养与进修	通知	关于做好2012年“国培计划”实施工作的通知	2		√
231	2012年6月14日	教育部	改革与发展规划	规划、通知	关于印发《国家教育事业发展第十二个五年规划》的通知	1		√
232	2012年8月20日	国务院	体育教师队伍管理	意见	关于加强教师队伍建设的意见	1		√

续表

序号	发布日期	发布主体	主题	文本类型	标题	主体数量	专门性	相关性
233	2012年9月6日	教育部 发改委 财政部	改革与发展规划	意见	关于深化教师教育改革的意见	3		√
234	2012年9月20日	教育部 中央编办 发改委 财政部 人社部	体育教师队伍管理	意见	关于大力推进农村义务教育教师队伍建设的意见	5		√
235	2012年9月20日	教育部 中央编办 财政部 人社部	体育教师队伍管理	意见	关于加强幼儿园教师队伍建设的意见	4		√
236	2012年9月20日	教育部 中央编办 发改委 财政部 人社部	体育教师队伍管理	意见	关于加强特殊教育教师队伍建设的意见	5		√
237	2012年9月20日	教育部 中央组织部 中央宣传部 发改委 财政部 人社部	体育教师队伍管理	意见	关于加强高等学校青年教师队伍建设的意见	6		√

续表

序号	发布日期	发布主体	主题	文本类型	标题	主体数量	专门性	相关性
238	2012年10月22日	国务院 教育部 发展改革委 财政部 体育总局	综合性政策	意见、通知	关于进一步加强学校体育工作若干意见的通知	5		√
239	2012年11月27日	教育部 中央组织部 财政部 人社部 国务院扶贫办	体育教师培养与进修	通知	关于印发《边远贫困地区、边疆民族地区和革命老区人才支持计划教师专项计划实施方案》的通知	5		√
240	2012年12月11日	教育部办公厅	体育教师培养与进修	通知	关于做好2012年特岗教师在职攻读教育硕士工作的通知			√
241	2013年1月29日	教育部 财政部	体育教师培养与进修	办法、通知	关于印发《“国培计划”示范性集中培训项目管理办法》等三个文件的通知	2		√
242	2013年2月20日	教育部 发改委 财政部	改革与发展规划	计划、通知	关于印发《中西部高等教育振兴计划(2012—2020年)》的通知	3		√
243	2013年2月28日	体育总局 教育部	体育教师培养与进修	意见	关于加强全国青少年校园足球工作的意见	2		√
244	2013年4月9日	教育部 财政部	体育教师培养与进修	通知	关于做好2013年“国培计划”实施工作的通知	2		√

续表

序号	发布日期	发布主体	主题	文本类型	标题	专门性	专门性	相关性
245	2013年5月4日	组织部 宣传部 中共教育部党组	体育教师资格与规范	意见	关于加强和改进高校青年教师思想政治工作的若干意见	3		√
246	2013年5月6日	教育部	体育教师培养与进修	意见	关于深化中小学教师培训模式改革全面提升培训质量的指导意见	1		√
247	2013年5月7日	教育部 财政部	体育教师队伍管理	通知	关于做好2013年农村义务教育阶段学校教师特设岗位计划有关实施工作的通知	2		√
248	2013年5月16日	教育部 财政部	体育教师培养与进修	办法、通知	关于印发《职业院校教师素质提高计划中等职业学校专业骨干教师培训项目管理办法》等三个文件的通知	2		√
249	2013年8月15日	教育部	体育教师资格与规范	办法、通知	关于印发《中小学教师资格考试暂行办法》《中小学教师资格定期注册暂行办法》的通知	1		√
250	2013年9月2日	教育部	体育教师资格与规范	意见	关于建立健全中小学师德建设长效机制的意见	1		√
251	2013年9月20日	教育部	体育教师资格与规范	标准、通知	关于印发《中等职业学校教师专业标准(试行)》的通知	1		√
252	2013年9月26日	教育部	体育教师培养与进修	通知	关于全面加强教师法制教育工作的通知	1		√
253	2013年10月25日	教育部	体育教师培养与进修	意见	教育部关于实施全国中小学教师信息技术应用能力提升工程的意见	1		√

续表

序号	发布日期	发布主体	主题	文本类型	标题	主体数量	专门性	专门性
254	2014年3月3日	教育部办公厅财政部办公厅	体育教师队伍管理	通知	关于做好2014年农村义务教育阶段学校教师特设岗位计划有关实施工作的通知	2		√
255	2014年3月17日	教育部	体育教师培养与进修	通知	关于成立教育部高等学校幼儿园教师培养等教学指导委员会的通知	1		√
256	2014年4月1日	教育部 财政部	体育教师培养与进修	通知	关于做好2014年中小学幼儿园教师国家级培训计划实施工作的通知	2		√
257	2014年5月30日	教育部	体育教师培养与进修	标准、通知	关于印发《中小学教师信息技术应用能力培训课程标准(试行)》的通知	1		√
258	2014年8月18日	教育部	体育教师培养与进修	计划、意见	关于实施卓越教师培养计划的意见	1		√
259	2014年9月29日	教育部	体育教师资格与规范	意见	关于建立健全高校师德建设长效机制的意见	1		√
260	2014年12月5日	教育部	体育教师培养与进修	通知	关于公布卓越教师培养计划改革项目的通知	1		√
261	2015年3月16日	国务院	改革与发展规划	方案	《中国足球改革发展总体方案》	1		√
262	2015年4月2日	教育部 财政部	体育教师培养与进修	通知	关于做好2015年中小学幼儿园教师国家级培训计划实施工作的通知	1		√
263	2015年5月24日	教育部 财政部	体育教师培养与进修	通知	关于做好2011年“中小学教师国家级培训计划”实施工作的通知	2		√

续表

序号	发布日期	发布主体	主题	文本类型	标题	主体数量	专门性	相关性
264	2015 年 6 月 1 日	国务院	体育教师培养与进修	计划、通知	关于印发乡村教师支持计划(2015—2020 年)的通知	1		√
265	2015 年 7 月 22 日	教育部 发改委 财务部 新闻出版广电总局 体育总局 共青团中央	体育教师培养与进修	意见	关于加快发展青少年校园足球的实施意见	6		√
266	2015 年 8 月 11 日	国务院	改革与发展规划	决定	关于加快发展民族教育的决定	1		√
267	2015 年 8 月 21 日	教育部	体育教师资格与规范	标准、通知	关于印发《特殊教育教师专业标准(试行)》的通知	1		√
268	2015 年 8 月 25 日	教育部 财政部	体育教师培养与进修	计划、通知	关于改革实施中小学幼儿园教师国家级培训计划的通知	2		√
269	2015 年 12 月 17 日	全国人大常务会	法律法规条例	决定	关于修改《中华人民共和国高等教育法》的决定	1		√
270	2015 年 12 月 27 日	全国人大常务会	法律法规条例	法律	中华人民共和国高等教育法	1		√
271	2015 年 12 月 27 日	全国人大常委会	法律法规条例	法律	中华人民共和国教育法	1		√
272	2016 年 1 月 12 日	教育部 财政部	体育教师培养与进修	通知	关于做好 2016 年中小学幼儿园教师国家级培训计划实施工作的通知	2		√

续表

序号	发布日期	发布主体	主题	文本类型	标题	主体数量	专门性	相关性
273	2016年1月13日	教育部	体育教师培养与进修	通知	关于印发乡村教师培训指南的通知	1		√
274	2016年4月21日	国务院	体育教师培养与进修	意见	关于强化学校体育促进学生身心健康全面发展的意见	1		√
275	2016年5月5日	体育总局	改革与发展规划	规划	体育发展“十三五”规划	1		√
276	2016年7月13日	教育部	体育改革与发展规划	通知	关于印发《推进共建“一带一路”教育行动》的通知	1		√
277	2016年7月21日	教育部	体育改革与发展规划	规划、通知	关于印发《全国教育系统开展法治宣传教育的第七个五年规划(2016—2020年)》的通知	1		√
278	2016年10月28日	教育部 财政部	体育教师培养与进修	计划、意见	关于实施职业院校教师素质提高计划(2017—2020年)的意见	2		√
279	2017年1月10日	国务院	改革与发展规划	规划、通知	关于印发国家教育事业发展“十三五”规划的通知	1		√
280	2017年2月28日	教育部办 财政部办	体育教师培养与进修	通知	关于做好2017年中小学幼儿园教师国家级培训计划实施工作的通知	2		√
281	2017年3月31日	教育部	综合性政策	意见	关于推进教师教育信息化建设的意见	1		√
282	2017年4月5日	教育部办公厅 财政部办公厅	体育教师队伍管理	通知	关于做好2017年农村义务教育阶段学校教师特设岗位计划实施工作的通知	2		√

续表

序号	发布日期	发布主体	主题	文本类型	标题	主体数量	专门性	相关性
283	2017年10月8日	教育部	体育教师队伍管理	办法、通知	关于印发《学校体育美育兼职教师管理办法》的通知	1		√
284	2017年12月4日	教育部	体育教师培养与进修	标准、通知	关于印发《义务教育学校管理标准》的通知	1		√
284	2017年12月15日	教育部 发改委 财政部 人社部	体育教师培养与进修	方案、通知	关于印发《援藏援疆万名教师支教计划实施方案》的通知	4		√
285	2018年1月20日	中共中央 国务院	体育教师队伍管理	意见	关于全面深化新时代教师队伍建设改革的意见	2		√
286	2018年1月22日	教育部 财政部	体育教师培养与进修	通知	关于做好2018年中小学幼儿园教师国家级培训计划组织实施工作的通知	2		√
287	2018年2月11日	教育部 发改委 财政部 人社部 中央编办	综合性政策	计划、通知	关于印发《教师教育振兴行动计划(2018—2022年)》的通知	5		√
288	2018年7月30日	国务院 教育部 财政部 人社部 中央编办	体育教师培养与进修	办法、通知	关于转发教育部等部门教育部直属师范大学师范生公费教育实施办法的通知	5		√

续表

序号	发布日期	发布主体	主题	文本类型	标题	主体数量	专门性	相关性
289	2018年8月8日	教育部 财政部 国家发改委	综合性政策	意见、通知	《关于高等学校加快“双一流”建设的指导意见》的通知	3		√
290	2018年8月20日	教育部	体育教师培养与进修	要求	《全国青少年校园足球改革试验区基本要求(试行)》和《全国青少年校园足球试点县(区)基本要求(试行)》	1		√
291	2018年9月17日	教育部	综合性政策	通知	关于加快建设高水平本科教育全面提高人才培养能力的意见	1		√
292	2018年9月17日	教育部	体育教师培养与进修	意见	关于实施卓越教师培养计划2.0的意见	1		√
293	2018年9月27日	教育部	体育教师培养与进修	通知	关于组织开展2018年全国青少年校园足球教练员国家级专项培训的通知	1	√	
294	2018年11月1日	中共兵团党委 兵团	体育教师队伍管理	意见	关于全面深化新时代教师队伍建设改革的实施意见	1		√
295	2019年2月23日	中共中央 国务院	体育改革与发展规划	方案	加快推进教育现代化实施方案(2018—2022年)	2		√
296	2019年2月23日	中共中央 国务院	体育改革与发展规划	规划	中国教育现代化2035	2		√
297	2019年8月9日	教育部	体育教师队伍管理	通知	关于进一步加强中小学教师队伍管理和职业道德教育的通知	1		√

续表

序号	发布日期	发布主体	主题	文本类型	标题	主体数量	专门性	相关性
298	2019年1月14日	体育总局	体育教师培养与进修	通知	关于举办2019年全国退役运动员考取中学体育教师资格证冲刺培训班的通知	1		
299	2019年8月15日	教育部 体育局 财政厅 发展改革委	体育教师培养与进修	意见	教育部等四部门关于加快推进全国青少年冰雪运动进校园的指导意见	4		
300	2019年3月15日	体育总局	体育教师培养与进修	通知	关于举办2019年中国足协D级教练员培训班中国足校D–1–4期的通知	1		
301	2019年5月10日	体育总局社体中心 中国社会体育指导员协会	体育教师培养与进修	通知	体育总局社体中心中国社会体育指导员协会关于开展2019年度国家级社会体育指导员培训工作的通知	2		
302	2019年11月12日	体育总局社体中心	体育教师培养与进修	通知	体育总局社体中心关于举办2019年全国无极球初级教练员培训班(上海站)的通知			
303	2019年03月21日	体育总局社体中心 中国大学生体协 中国中学生体协	体育教师培养与进修	通知	关于印发2019年全国柔力球培训计划的通知			
304	2019年09月02日	国务院办公厅	综合性政策	通知	关于印发体育强国建设纲要的通知（国办发〔2019〕40号）			

续表

序号	发布日期	发布主体	主题	文本类型	标题	主体数量	专门性	相关性
305	2019年03月19日	教育部办公厅	体育教师培养与进修	通知	关于开展2019年全国青少年校园网球特色学校遴选工作的通知			
306	2019年07月10日	中共中央国务院	体育改革与发展规划	纲要	《“健康中国2030”规划纲要》2016			
307	2019年09月02日	教育局	体育改革与发展规划	通知	关于开展第三批扬州市青少年校园篮球特色学校申报工作的通知			
308	2019年12月13日	教育部办公厅 北京冬奥组委秘书行政部	体育教师培养与进修	通知	关于举办“筑梦冰雪·相约冬奥”全国学校冰雪运动竞赛暨冰雪嘉年华的通知			
309	2020年09月30日	教育部办公厅 科技部办公厅	体育教师培养与进修	通知	关于组织申报2020年校园足球外籍教师支持项目的通知			
310	2020年05月22日	体育总局社体中心	体育教师培养与进修	通知	关于印发2020年全国花式柔力球线上培训班的通知			
311	2020年04月10日	体育总局	体育教师培养与进修	通知	2020年全国退役运动员教师资格证培训班(网络)的通知			
312	2020年09月25日	教育部 国家发展改革委 财政部 广电总局 体育总局 共青团中央 中国足协	体育改革与发展规划	通知	关于印发《全国青少年校园足球八大体系建设行动计划》的通知			

续表

序号	发布日期	发布主体	主题	文本类型	标题	主体数量	专门性	相关性
313	2020年09月21日	体育总局 教育部	教师补贴	通知	关于印发深化体教融合促进青少年健康发展意见的通知			
314	2020年10月15日	中共中央办公厅	加强与改进学校体育	意见	关于全面加强和改进新时代学校体育工作的意见			
315	2020年01月14日	体育总局	体育教师培养与进修	通知	体育总局人力中心举办2020年全国退役运动员体育教师资格证冲刺培训班的通知			